우리 아이의
수학적 잠재력을 깨워주는

창의력 수학

노크

A3

날씨로
배우는 수학

이 책을 보시는 부모님들께

머리가 좋아야 수학을 잘 한다는 말이 있습니다. 또, 수학을 잘 못하는 아이는 아빠, 엄마의 머리를 물려받아서 그렇다는 등의 난데없는 유전자 논쟁이 벌어지기도 합니다. 하지만 많은 사람들의 일반적인 생각과는 달리 이는 근거없는 이야기입니다. 외국의 한 연구 기관에서 언어, 사회, 수학, 과학의 네 가지 분야 중 어떤 것이 아동의 선천적 재능에 영향을 받는지 조사한 연구 결과를 발표했는데 일반적인 예상과는 다르게 선천적 재능에 영향을 받는 순서는 사회, 언어, 과학, 수학 순이었습니다. 다시 말해, 수학은 여러 학문 분야 중 선천적인 재능보다는 후천적인 환경이나 교육자, 학습자의 노력에 가장 큰 영향을 받는 학문이라 볼 수 있습니다. 수학의 가장 기본이 되는 '수 영역'의 예를 들어 보겠습니다. 아이들이 수를 처음 접하는 시기의 차이는 있지만 실제 수에 대한 감각과 수를 다루는 연습은 생활 속에서의 체험이나 다양한 활동, 학습 속에서 이루어집니다. 즉, 수학의 가장 기본이 되는 수는 선천적으로 가진 재능과는 거의 연관이 없으며 자라나면서 어떤 환경에 놓이는지, 얼마나 많이 수를 생각할 수 있는 기회가 있는지, 나이에 맞는 올바른 학습을 만날 수 있는지에 좌우됩니다. 그러므로 아이의 수학적 발달에 문제가 있다면, 그 아이가 누구를 닮아서 그런지, 지능이 떨어지는지를 따질 것이 아니라 수학적 힘을 기를 수 있는 학습 환경을 어떻게 만들어줄 것인가를 고민해야 합니다.

국제영재교육연구소의 랜즐리 소장은 영재의 기준을 마련하기 위해 여러 연구를 시행한 결과, 영재의 공통적인 특징들을 발견하였습니다. 첫째는 115 이상의 지능지수(IQ), 둘째는 창의력(Creativity), 셋째는 동기적 요소라고 부르는 끈질긴 근성과 과제집착력이었습니다. 이들 세 가지 요소 역시 선천적으로 타고 나는 부분도 물론 있겠지만 대부분 후천적인 학습이나 교육 활동을 통해 기를 수 있는 능력이라는 데에 이의를 제기하기는 힘듭니다.

이 처럼 수학적 능력은 후천적 학습 환경에 주로 좌우되며, 특히 어린 시절에는 그러한 경향이 더더욱 두드러집니다. 하지만 우리의 아이들을 둘러싼 수학적 환경을 다시 한 번 돌아봅시다. 초등학교를 들어가기 전부터 과도한 학습량과 무의미한 반복 활동, 이후의 수학 학습에 오히려 방해가 될 정도로 무리한 선행 학습 등의 환경은 아이의 수학적 힘을 길러주기보다는 수학에서 가장 중요한 창의적 사고력을 기를 수 있는 기회를 박탈함과 동시에 수학에 대한 흥미를 급속하게 떨어뜨리게 하여 수학으로 문제를 해결하려는 의지, 즉 수학적 동기를 스스로에게 부여하는 것을 불가능하게 만들어 버립니다. 중요한 것은 남들보다 먼저, 그리고 더 많이 수학적 지식을 머리 속에 주입하는 것이 아니라 태어나서부터 누구나 가지고 있는 수학에 대한 관심, 그리고 수학으로 생각하는 힘을 일깨워주는 것입니다.

수학을 잘할 수 있는 힘,

수학적 잠재력은 이미 여러분 아이들의 머릿 속에 줄곧 있어왔습니다. 단지 어떤 아이는 그것을 찾아내어 드러낼 수 있었고, 어떤 아이는 꼭꼭 숨긴 채 평생 드러나지 않을 뿐입니다. 이러한 수학적 잠재력에 대한 참신한 자극 – 생각을 두드리는 '노크'를 제안하려 합니다. '노크'는 수학적 지식과 스킬만을 무리하게 밀어넣지 않습니다. 왜 수학을 해야 하고, 어떻게 수학으로 가능한지 끊임없이 스스로 생각하게하는 계기로서의 활동이 되려 합니다. 일상으로부터 괴리된 학문으로서의 수학이 아닌, 삶을 살아가며 반드시 키워야 할 논리적, 합리적 사고력을 기를 수 있는 누구에게나 가장 중요한 경쟁력으로서의 수학을 주장합니다. '노크'야말로 새로운 수학 학습의 길을 보여주는 방향타가 될 것입니다.

한 현 조

이 책의 **구성과 특징**

✳ 흥미로운 단원 도입

테마 Story

- 이야기의 주제와 단원 내용을 소개함으로써 학습 내용에 흥미를 가질 수 있도록 합니다.
- 단원과 관련된 그림과 질문을 통해 배울 내용을 미리 생각해 볼 수 있습니다.

수학 이야기

- 재미있는 이야기를 통해 학습 주제에 대한 흥미와 관심을 높일 수 있습니다.
- 과학, 예술, 역사, 수학사, 실생활 등 다양한 이야기를 수학적 개념과 관련지어 수학의 가치와 필요성을 느낄 수 있도록 합니다.

✳ 창의적인 내용 전개

💡 생각 열기

- 수학적 개념, 원리, 법칙을 자유로운 생각과 다양한 활동을 통해 발견할 수 있도록 합니다.

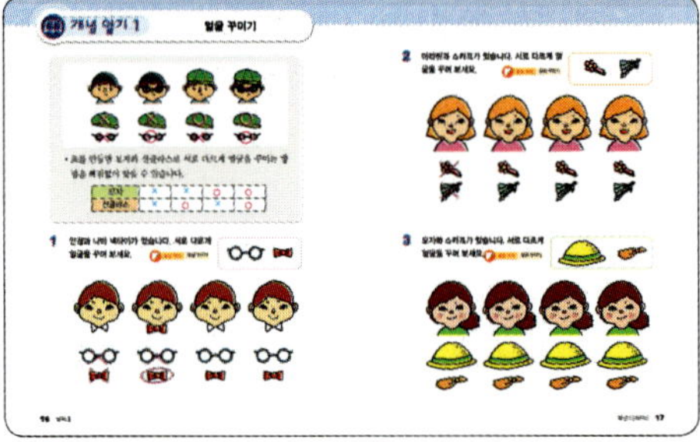

📖 개념 알기

- 단원별 4개의 소주제를 제시하였고, 학습 목표를 쉽게 이해할 수 있도록 설명해 놓았습니다.
- 기본 유형 문제와 간단한 응용 문제로 구성되어 있어 수학적 사고력을 단계적으로 기를 수 있습니다.

이야기 수학_ 이야기 속 문제 상황을 통해 호기심을 유발하고, 단원에서 배우게 될 내용을 예측하고 발견할 수 있도록 하였습니다.
사고력 수학_ 주제별 기본개념을 이해하고, 확인학습을 통해 개념을 익히고 다질 수 있도록 하였습니다.
창의력 수학_ 다양한 방법으로 심화 문제를 해결함으로써 문제 해결 능력, 의사소통 능력, 추론 능력을 향상시킬 수 있도록 하였습니다.

창의사고력 **심화 학습**

스토리텔링 창의수학

- 주제와 관련된 창의 사고력 수학 문제를 제시하여 학습 내용을 좀 더 다양하고 깊게 탐구해 볼 수 있습니다.
- 다른 학문 분야나 생활 속 현상 등과 같은 다양한 소재로 문제 해결력, 융합적 사고력을 기를 수 있습니다.

재미있는 **활동**과 **읽을거리**

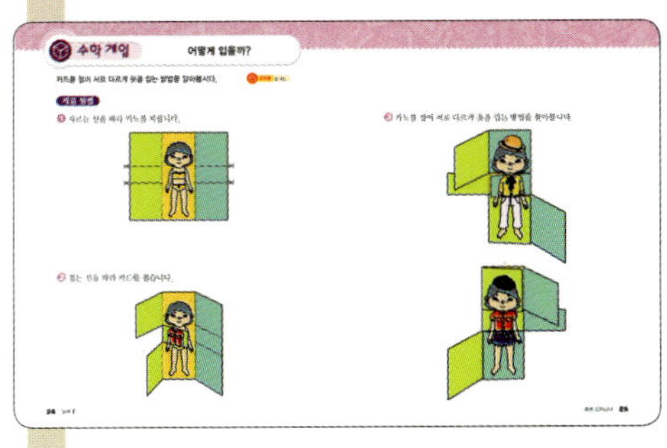

수학 게임

- 만들기 활동으로 수학에 관심과 흥미를 가지고 수학의 가치를 이해하며, 자연스러운 학습으로 자신감을 키울 수 있습니다.
- 수학 게임으로 재미있게 수학을 학습하고, 게임의 규칙과 승리 전략을 탐구하며 논리적인 사고력을 기를 수 있습니다.

지식 백과

- 각 단원의 마지막에 있는 읽을거리로 사회, 과학, 예술 및 실생활 사례 등을 수학적으로 바라볼 수 있도록 하였습니다.
- QA는 지식을 업그레이드 할 수 있는 코너로 아이들 눈에 궁금할 수 있는 질문과 그에 대한 명쾌한 답을 실었습니다.

빠른 **답**과 바른 **풀이**

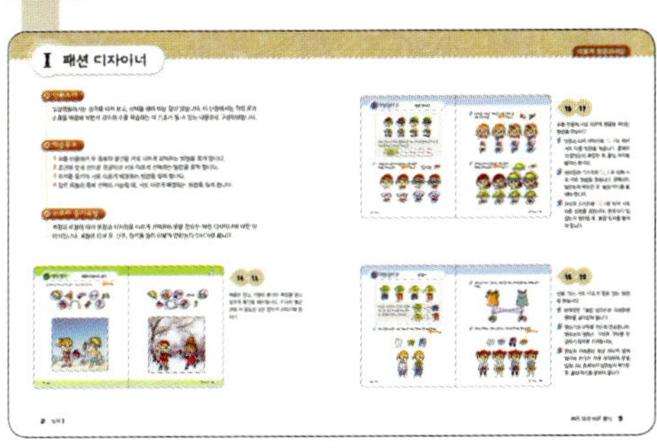

- 각 단원을 간단히 소개하고 학습 목표 및 방향을 바로 세울 수 있게 구성하였습니다. 빠르고 쉽게 정답을 확인할 수 있으며 학부모용 활용 방법을 제시하여 학습지도에 도움이 되도록 하였습니다.

날씨 III

곤충학자

개념 알기

1 순서대로 나열하기
2 끝말 잇기
3 다른 하나 찾기
4 관계 알기

날씨 IV

기상예보관

개념 알기

1 그림그래프
2 표로 나타내기
3 막대그래프
4 꺾은선 그래프

날씨 I

패션 디자이너

계절과 유행을 관찰해서
새로운 옷을 디자인해요,

우리 엄마는 패션 디자이너예요.
패션 디자이너는 새로운 옷을 디자인하여 만드는 사람인데요.
예쁜 옷을 만들려면 계절과 유행을 잘 관찰해야 한대요.

따뜻한 봄과 더운 여름에는 어떤 색이 어울릴지,
또 서늘한 가을과 추운 겨울에는 어떤 색이 어울릴지 색과 무늬를 정하고,
계절에 맞는 옷감을 찾고, 단추, 장식품을 골라 디자인을 완성해요.

디자인이 완성되면 옷을 만들어요.

그리고 옷이 잘 나왔는지,

어떤 계절에 어떤 옷이 잘 팔리는지 항상 관찰해야 한대요.

패션쇼에 가서 다른 디자이너들의 옷도 보고,
직접 패션쇼를 열어서 사람들의 반응을 살펴보기도 하고,
봄, 여름, 가을, 겨울 4계절에 알맞은 옷을 만들기 위해
우리 엄마는 일 년 내내 바쁘세요.

계절에 어울리는 물건

계절에 어울리는 물건을 찾아 그림에 붙여 봅시다.

얼굴 꾸미기

- 표를 만들면 모자와 선글라스로 서로 다르게 얼굴을 꾸미는 방법을 빠짐없이 찾을 수 있습니다.

모자	×	×	○	○
선글라스	×	○	×	○

1 안경과 나비 넥타이가 있습니다. 서로 다르게 얼굴을 꾸며 보세요.

붙임 딱지 얼굴 꾸미기

2 머리핀과 스카프가 있습니다. 서로 다르게 얼굴을 꾸며 보세요.

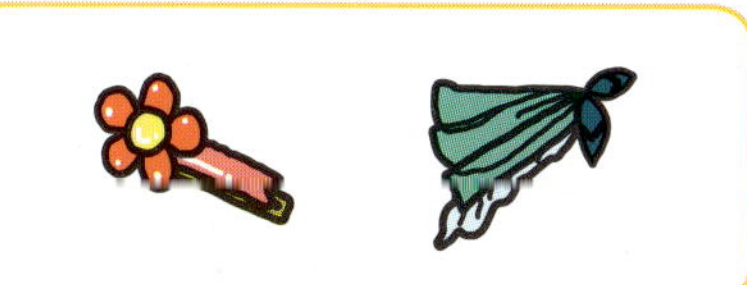

3 모자와 스카프가 있습니다. 서로 다르게 얼굴을 꾸며 보세요.

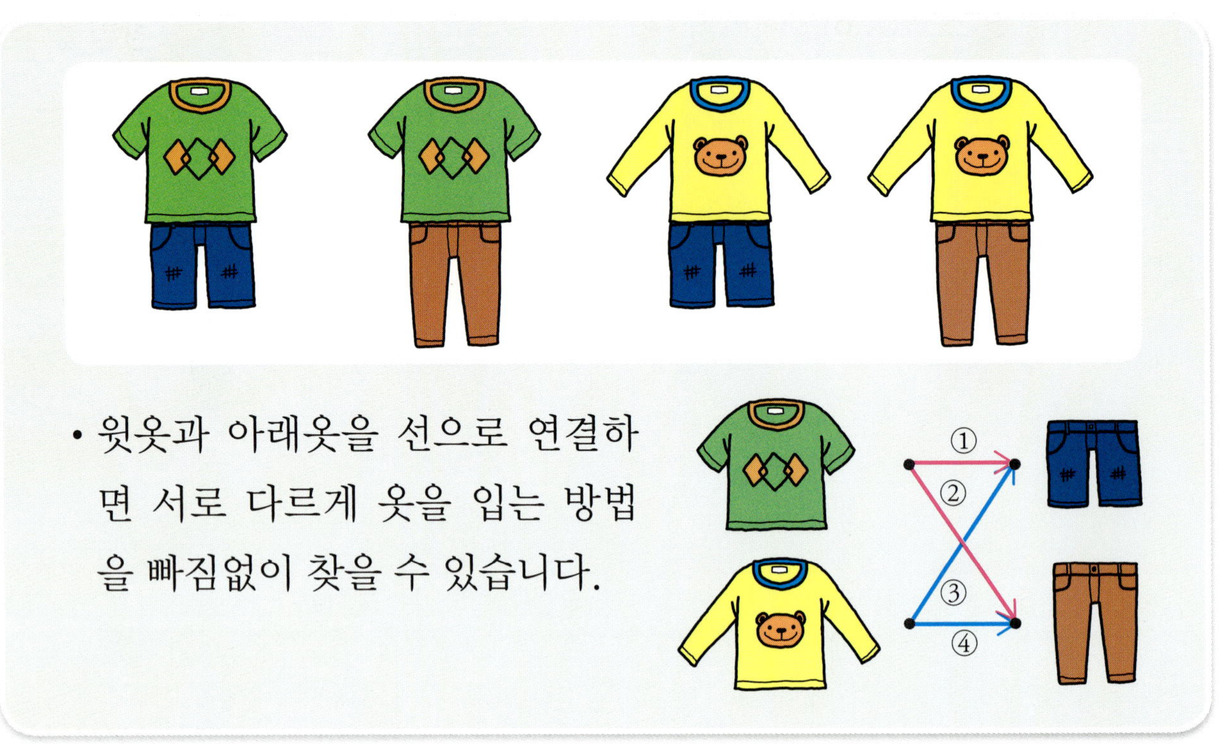

• 윗옷과 아래옷을 선으로 연결하면 서로 다르게 옷을 입는 방법을 빠짐없이 찾을 수 있습니다.

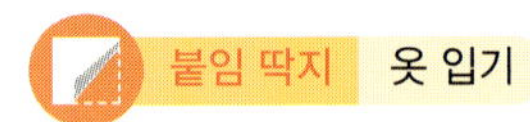

1 윗옷 2벌과 아래옷 1벌이 있습니다. 서로 다르게 옷을 입혀 보세요.

붙임 딱지 옷 입기

2 원피스와 구두가 있습니다. 선을 그어 서로 다르게 옷을 입는 방법을 알아 보세요.

3 윗옷과 아래옷이 2벌씩 있습니다. 서로 다르게 옷을 입혀 보세요.

스토리텔링 창의수학

[황사]

1 봄에는 모래 먼지인 황사가 찾아옵니다. 황사로 인한 병을 예방하려면 손을 자주 씻고, 밖에 나갈 때 마스크를 써야 합니다. 서로 다르게 손 세정제와 마스크를 준비해 보세요.

붙임 딱지 손 세정제, 마스크

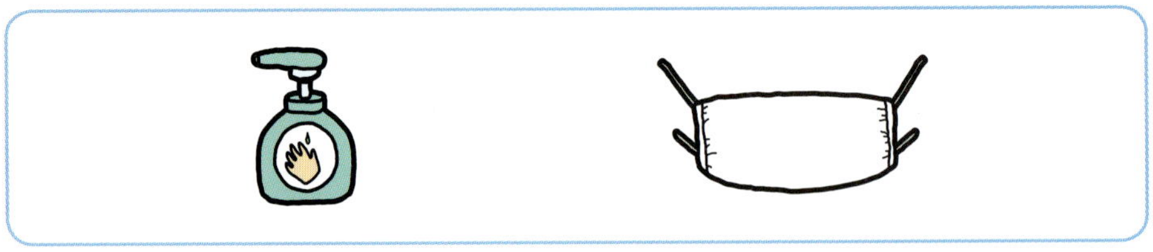

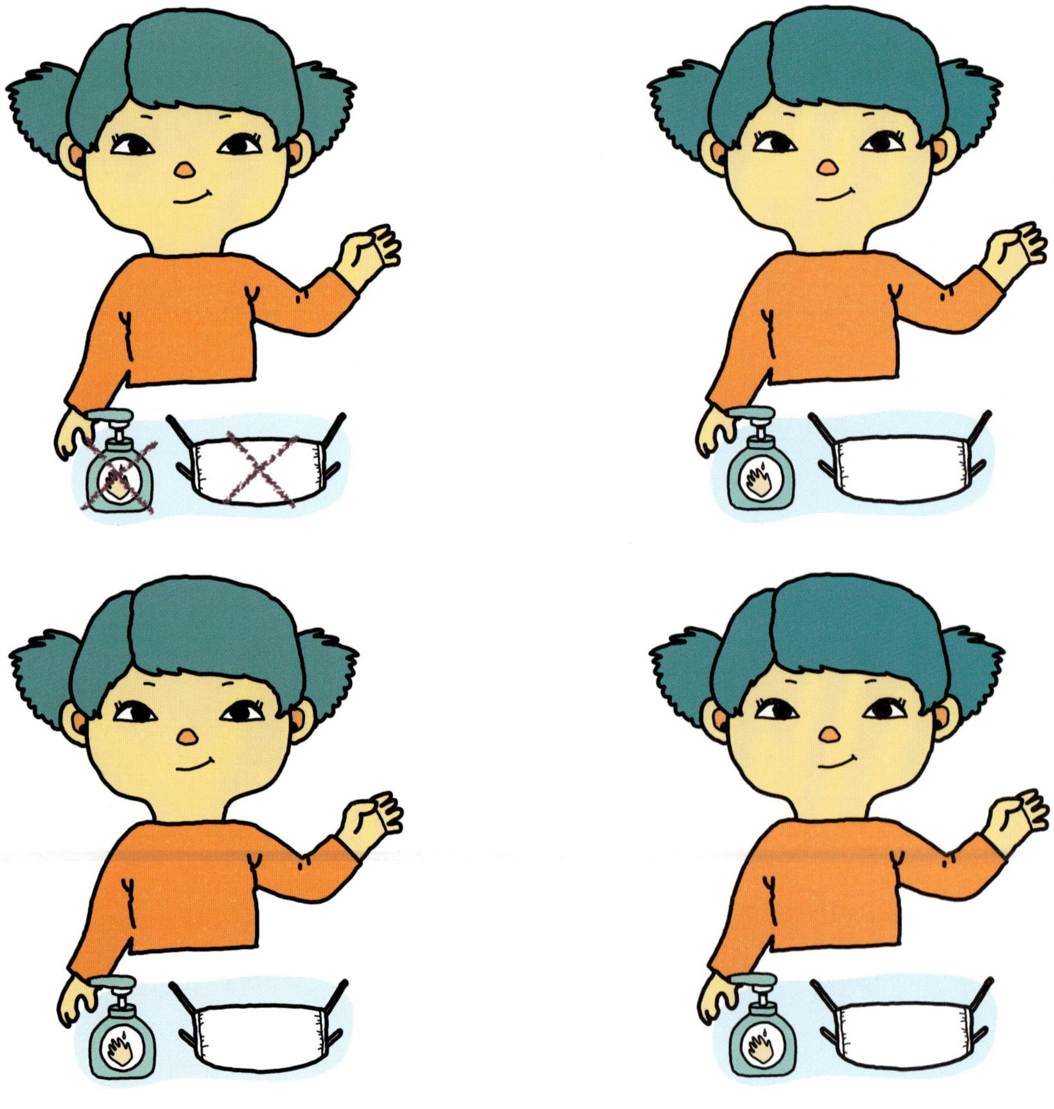

2 여름에는 오랜 기간 계속해서 비가 내리는 장마가 찾아옵니다. 비옷, 우산, 장화 중 2가지를 골라 서로 다르게 꾸며 보세요.

붙임 딱지 비옷, 우산, 장화

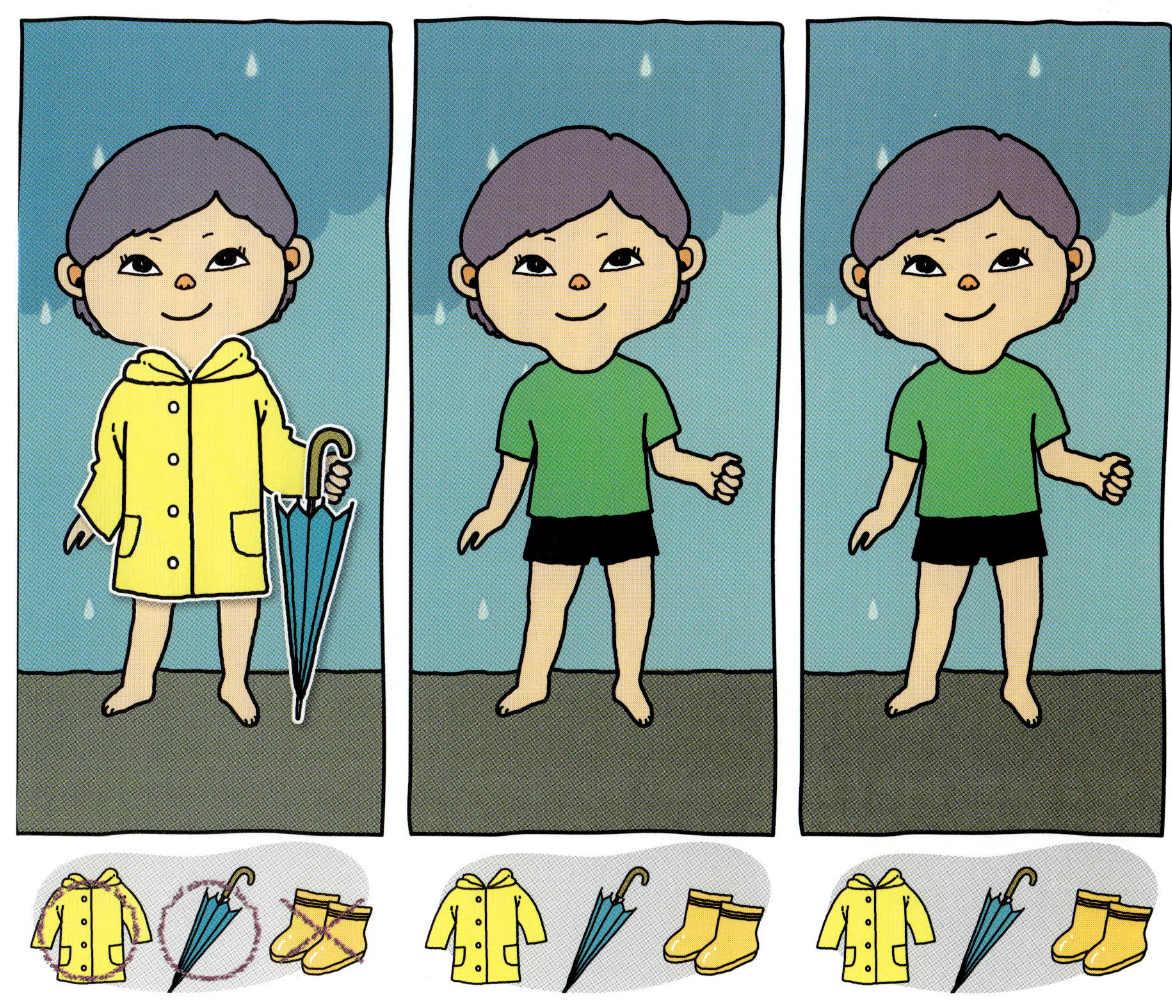

[등산]

3 가을에는 단풍을 보기 위해 등산을 가는 사람들이 많이 있습니다. 조끼와 등산화로 서로 다르게 꾸며 보세요.

붙임 딱지 조끼, 등산화

[겨울]

4 겨울에는 감기에 걸리지 않도록 몸을 따뜻하게 해야 합니다. 선을 이어 서로 다르게 겉옷과 털모자를 입는 방법을 알아보세요.

어떻게 입을까요?

카드를 접어 서로 다르게 옷을 입는 방법을 알아봅시다.

게임 방법

1 자르는 선을 따라 카드를 자릅니다.

2 접는 선을 따라 카드를 접습니다.

❸ 카드를 접어 서로 다르게 옷을 입는 방법을 찾아봅니다.

변하는 것과 변하지 않는 것

백화점은 계절에 따라 상품을 다르게 진열합니다.

봄, 여름, 가을, 겨울의 모습을 보고, 어떤 것이 변하고 어떤 것이 변하지 않는지 이야기해 봅시다.

가을

겨울

배열하기

- 빨간색 옷을 왼쪽 또는 오른쪽 마네킹에 입힐 수 있습니다.

- 옷 2벌을 배열하는 방법은 **2**가지입니다.

1 원피스 2벌이 있습니다. 서로 다르게 옷걸이에 걸어 보세요.

2 모자 2개가 있습니다. 서로 다르게 정리해 보세요.

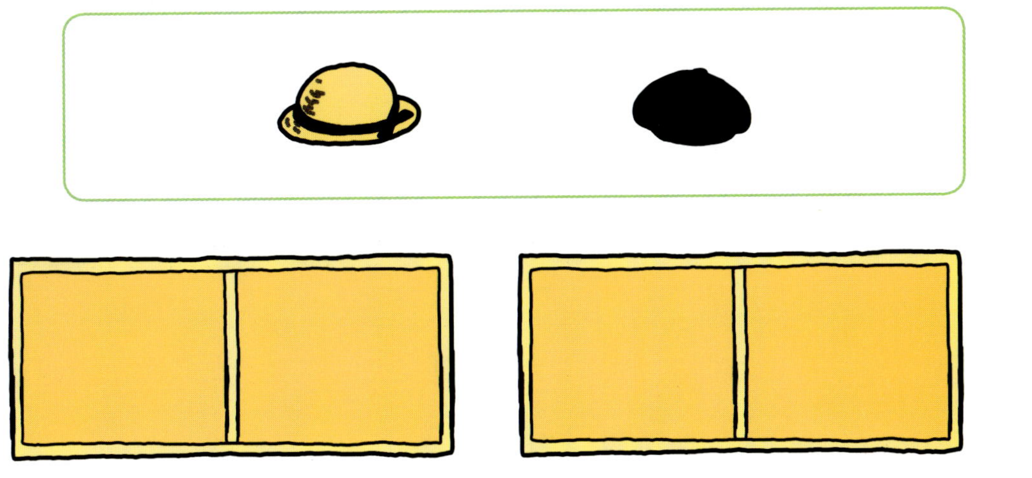

3 신발 3켤레가 있습니다. 서로 다르게 신발장에 넣어 보세요.

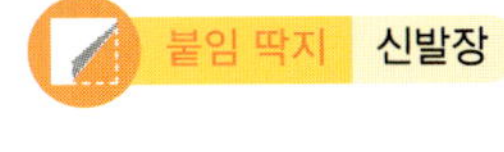

개념 알기 4　　선택하여 배열하기

- 빨간색, 파란색 단추가 있을 때, 서로 다르게 단추 **2**개를 다는 방법은 모두 **4**가지입니다.

1　네모, 세모 모양의 단추가 여러 개 있습니다. 서로 다르게 단추 **2**개를 옷에 달아 보세요.

붙임 딱지　단추

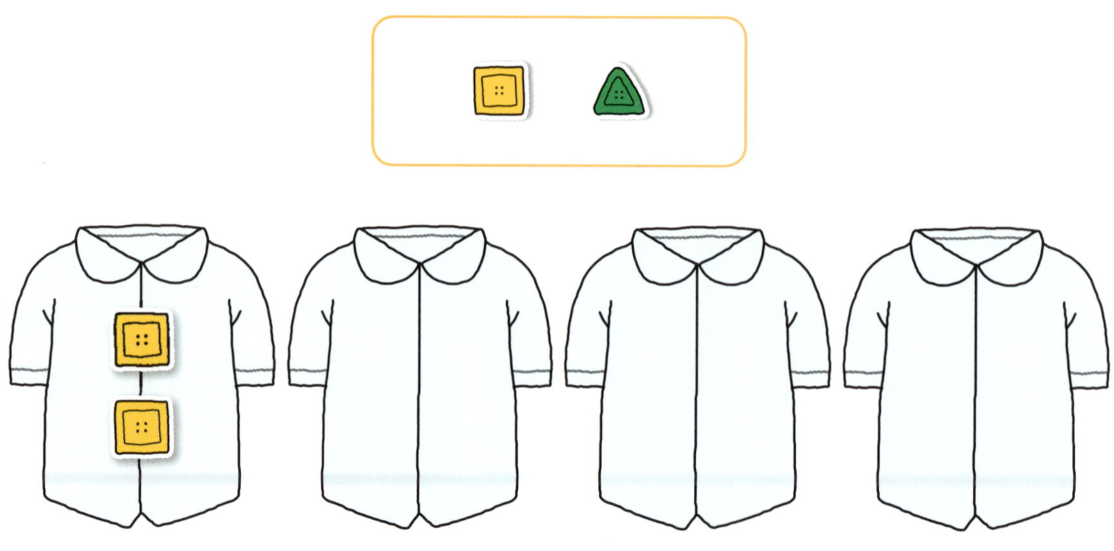

2 우산이 있습니다. 빨간색과 파란색 2가지 색깔로 서로 다르게 빈 곳을 색칠
하세요.

3 줄무늬 티셔츠가 있습니다. 빨간색과 파란색 2가지 색깔로 서로 다르게 빈
곳을 색칠하세요.

[신발장]

1 따뜻한 봄이 되면 사람들은 봄맞이 대청소를 합니다. 겨울에 신던 부츠와 털신을 서로 다르게 신발장에 넣어 보세요.

붙임 딱지 부츠, 털신

2 여름에는 햇빛이 강하게 내리쬐기 때문에 모자를 써서 햇빛을 가려주는 것이 좋습니다. 모자 3개를 서로 다르게 진열장에 놓아 보세요.

붙임 딱지 | 모자 3개

[가을 옷과 스카프]

3 가을은 맑고 선선하지만 아침, 저녁으로는 쌀쌀하기 때문에 겉옷과 스카프를 가지고 다니는 것이 좋습니다. 초록색과 갈색 2가지 색깔로 서로 다르게 옷과 스카프를 색칠하세요.

[겨울 눈사람]

4 눈이 내리는 겨울에는 눈사람을 만들기도 합니다. 파랑색과 노랑색으로 서
로 다르게 눈사람의 단추를 색칠하세요.

지식 백과 계절별 액세서리

계절별로 필요한 액세서리입니다. 어느 계절에 필요한 것인지 이야기해 봅시다.

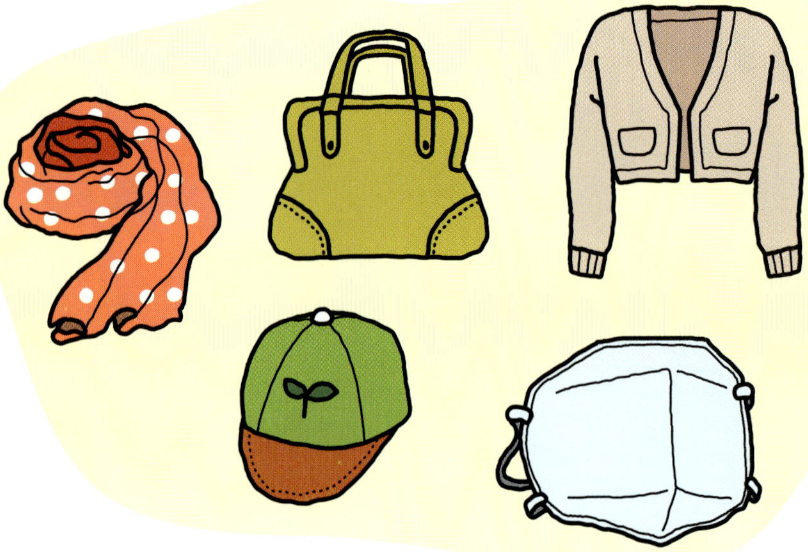

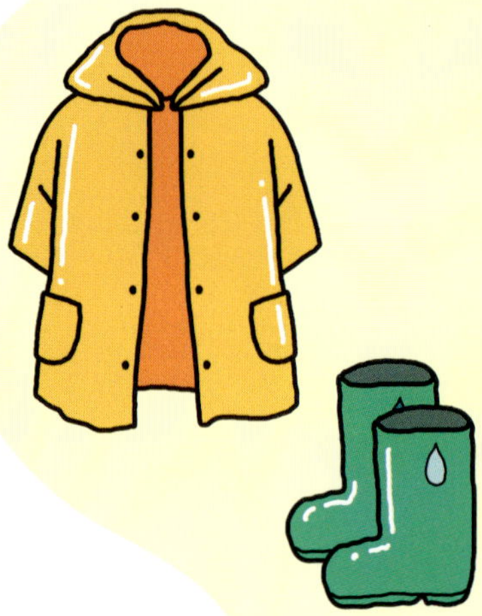

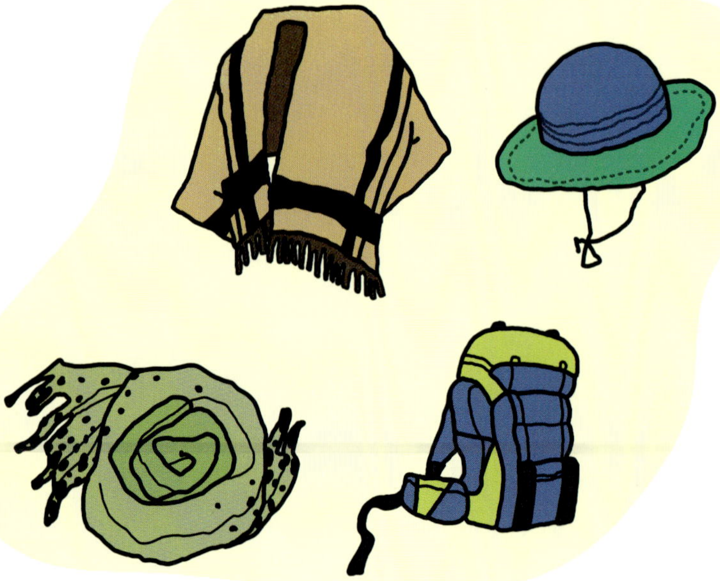

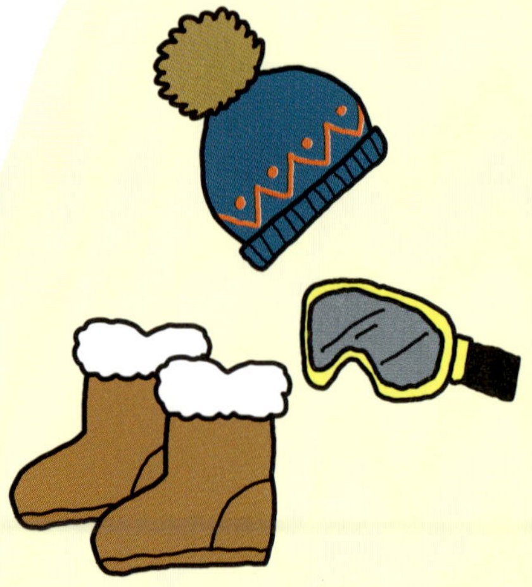

A 선글라스를 쓰면 봄, 여름, 가을에는 강한 햇빛으로부터 눈을 보호하고, 겨울에는 눈이 내린 곳에서 자외선을 피할 수 있습니다. 따라서 선글라스는 4계절 모두 쓸 수 있습니다.

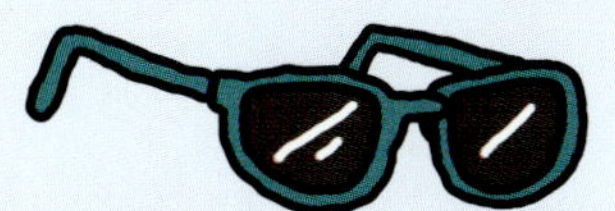

봄, 여름, 가을용 선글라스

겨울용 선글라스 (고글)

전자제품 개발자

새로운 제품을 개발하고,
사용하고 있는 제품을 더 좋게 만들어요.

삼촌의 발명 노트에는
제품 개발 방법과 아이디어들이 가득해요.

좁은 거실에서
더운 여름에 시원한 바람을 만들어주는 에어컨은
추운 겨울이 되면 필요가 없어요.

멋진 발명을 위한 방법 ①

비가 많이 오는 여름의 장마철에는
끈적끈적 공기에 물방울이 너무 많아서 불쾌해요.

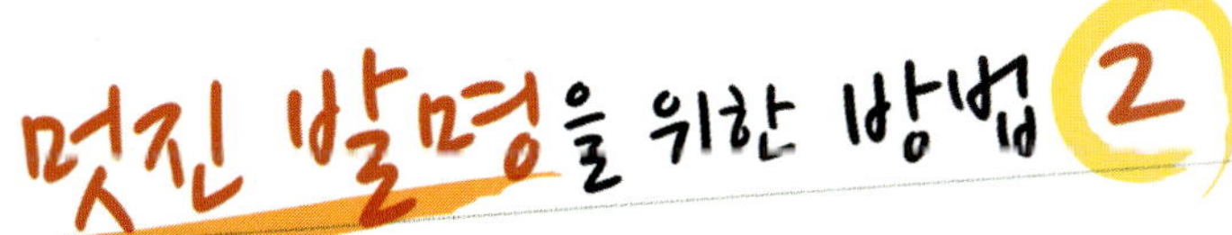 멋진 발명을 위한 방법 ②

공기에 물방울을 뿌려주는
가습기를 거꾸로 생각해서

공기에 있는 물방울을
없애주는 제습기를 만들었지.

냉난방기와 제습기는 이미 사용하고 있던 제품들을 잘 관찰하여 만든 발명품입니다. 멋진 발명을 위해 여러 가지 전자제품을 관찰해 봅시다.

제품의 이름	전기난로
제품의 특징	- 추운 겨울에 필요해요. - 공기를 따뜻하게 만들어줘요. - 선풍기 모양과 비슷해요.

제품의 이름	전기 파리채
제품의 특징	- 더운 ☐ 에 필요해요. - ☐ 를 잡는 데 사용해요. - ☐ 모양과 비슷해요.

연결하기

- 전자제품을 언제, 어디서, 어떻게 사용하는지 알아보고, 상황에 알맞은 전자제품을 찾아 연결합니다.

1 친구들에게 필요한 전자제품을 찾아 선으로 이어 보세요.

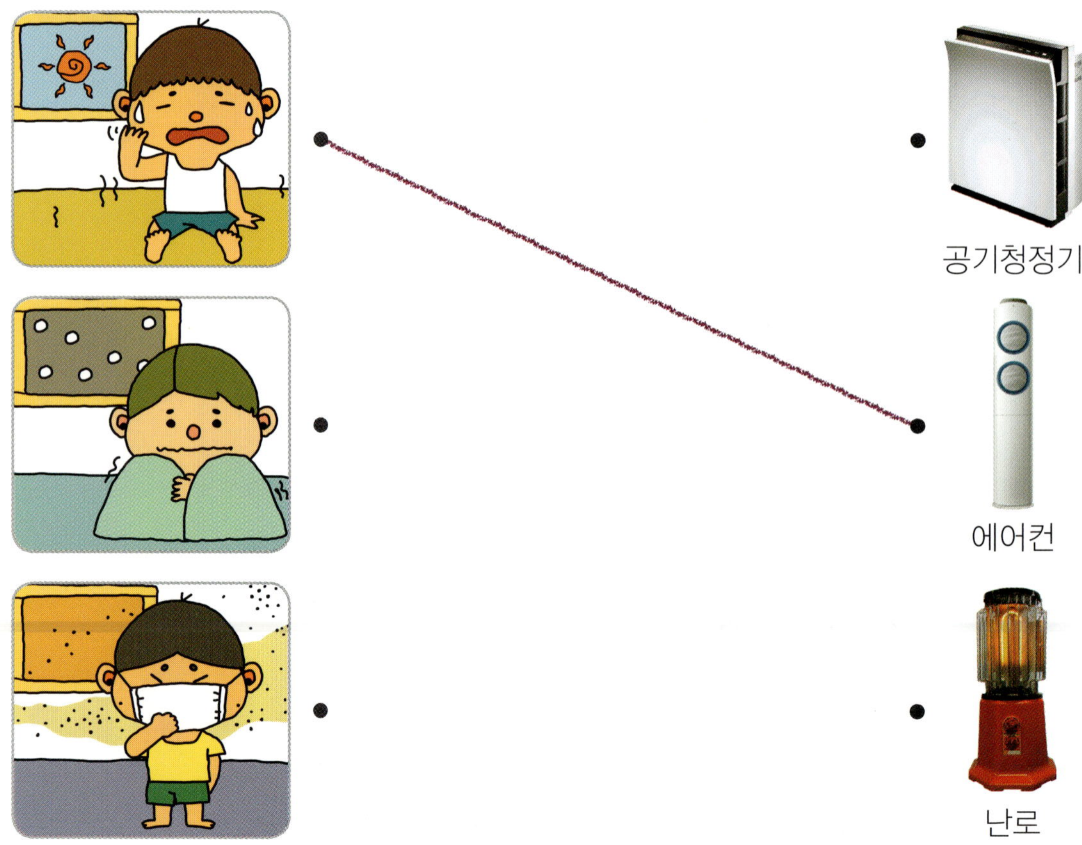

2 그림을 보고 필요한 전자제품을 찾아 선으로 이어 보세요.

3 필요한 전자제품을 찾아 ○표 하세요.

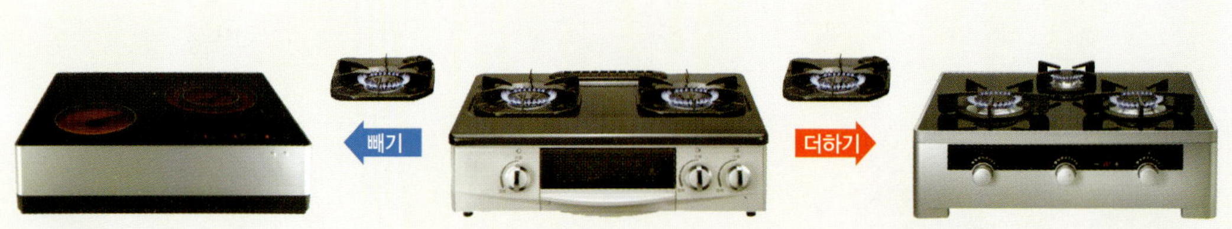

- 가스레인지에 화구를 더해서 화구가 **3**개인 가스레인지를 만들었습니다.
  └ 불이 나오는 곳입니다.
- 가스레인지에서 화구를 빼서 화구가 없는 전기레인지를 만들었습니다.

1 전자제품이 어떻게 바뀌었는지 알아보고, 빈 곳에 알맞은 붙임 딱지를 붙여 보세요.

붙임 딱지 　전자제품

전자레인지

토스트기가 있는 전자레인지

정수기

얼음정수기

2 빈 곳에 알맞은 붙임 딱지를 붙이고, 알맞은 말을 써 보세요.

3 다리미가 어떻게 바뀌었는지 알아보고, 빈 곳에 알맞은 붙임 딱지를 붙여 보세요.

[음식과 전자제품]

1 식탁 위에 있는 음식과 관계있는 전자제품을 찾아 붙임 딱지를 붙여 보세요.

붙임 딱지 식탁

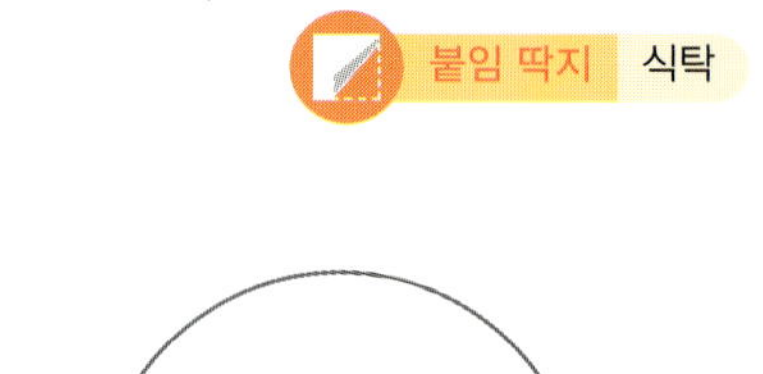

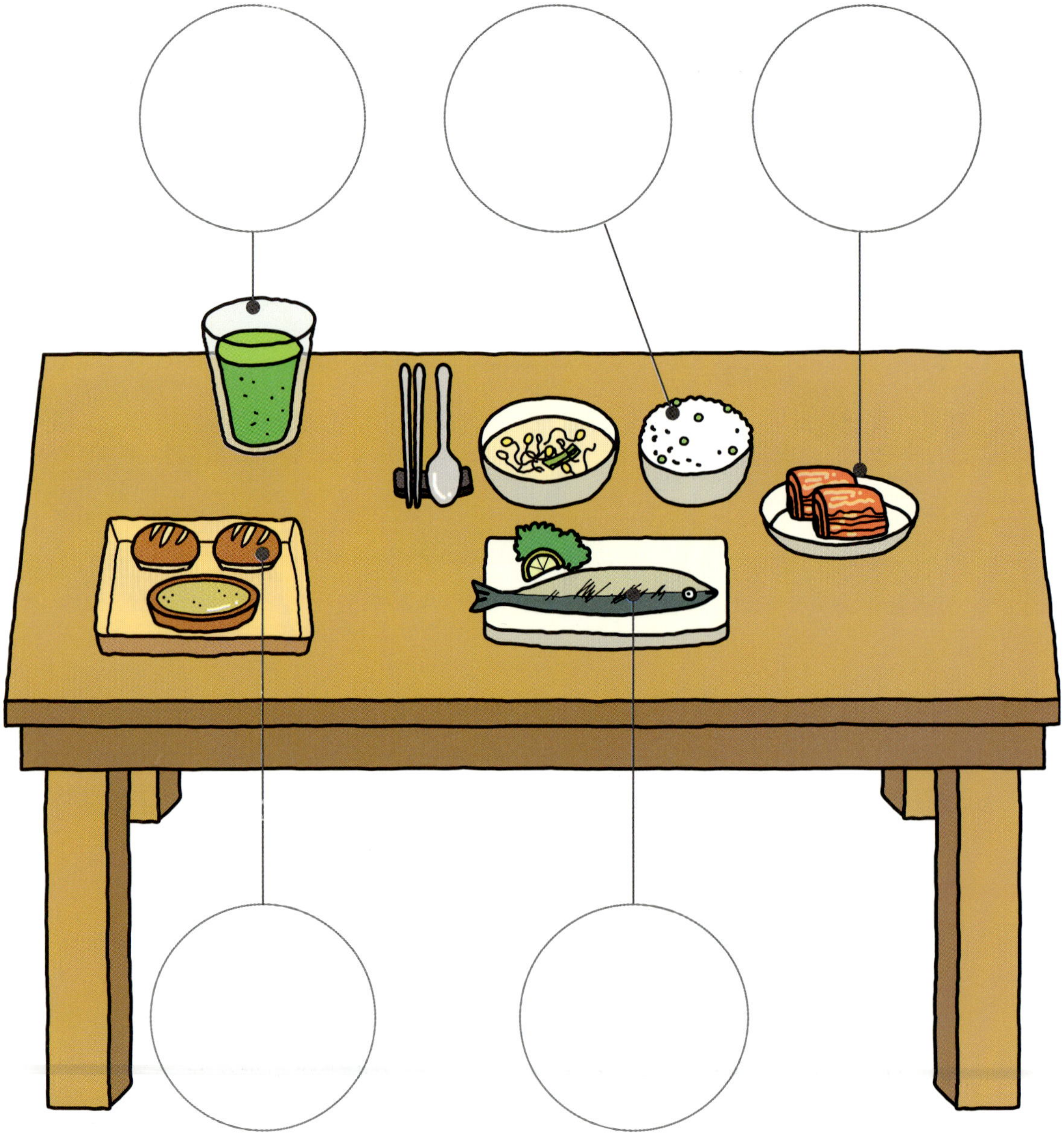

[가족과 전자제품]

2 가족들에게 필요한 전자제품을 찾아 붙임 딱지를 붙여 보세요.

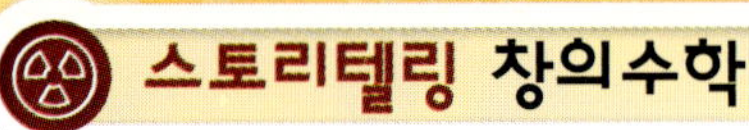

[여러 기능의 전자제품]

3 빈 곳에 들어갈 여러 가지 기능이 더해진 전자제품을 찾아 ◯표 하세요.

[컴퓨터]

4　크고 무거운 컴퓨터가 점점 작아지고 있습니다. 어떻게 바뀌었는지 달라진 부분에 ◯표 하세요.

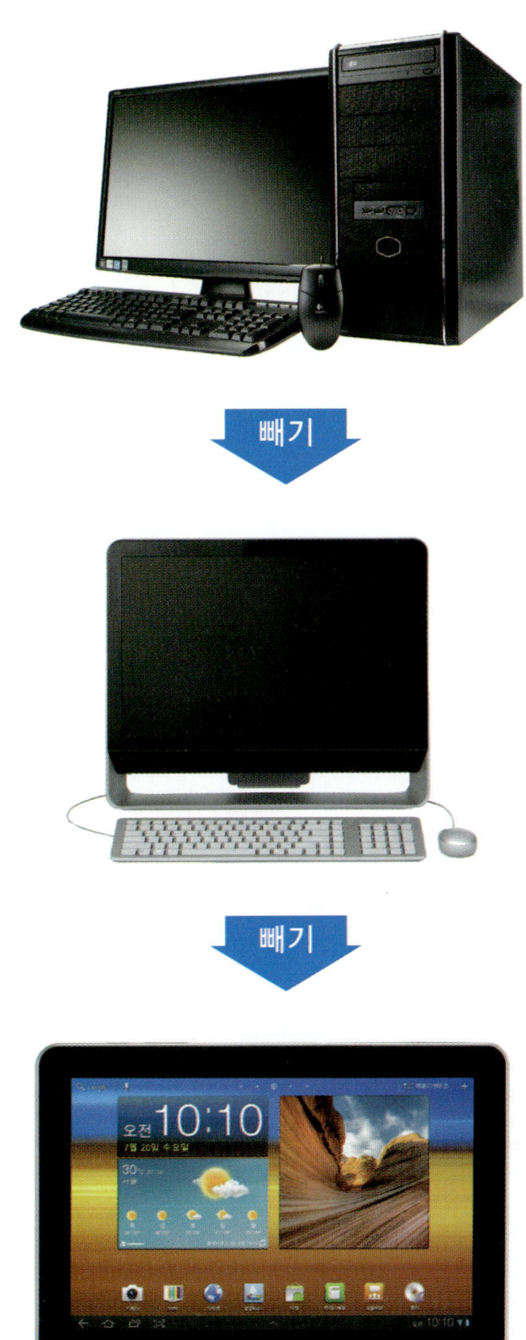

전자제품 설명하기

집에서 사용하는 전자제품에 대해 설명해 봅시다.

게임 방법

1 전자제품 카드 Ⅰ장을 고릅니다.

2 전자제품을 어디서, 어떻게 사용하는지 설명해 봅니다.

3 우리 집은 어떤 전자제품을 사용하고 있는지 이야기해 봅니다.

| 3 | 4 | 시원한 | 따뜻한 | 모양 | 크기 | 색깔 |

같은 점

- 선풍기의 날개가 ☐ 개 있어요.
- 선풍기에서 ☐ 바람이 나와요.

다른 점

- 선풍기의 ☐ 이 세모, 네모, 동그라미로 달라요.
- 선풍기의 ☐ 이 빨강, 초록, 파랑으로 달라요.

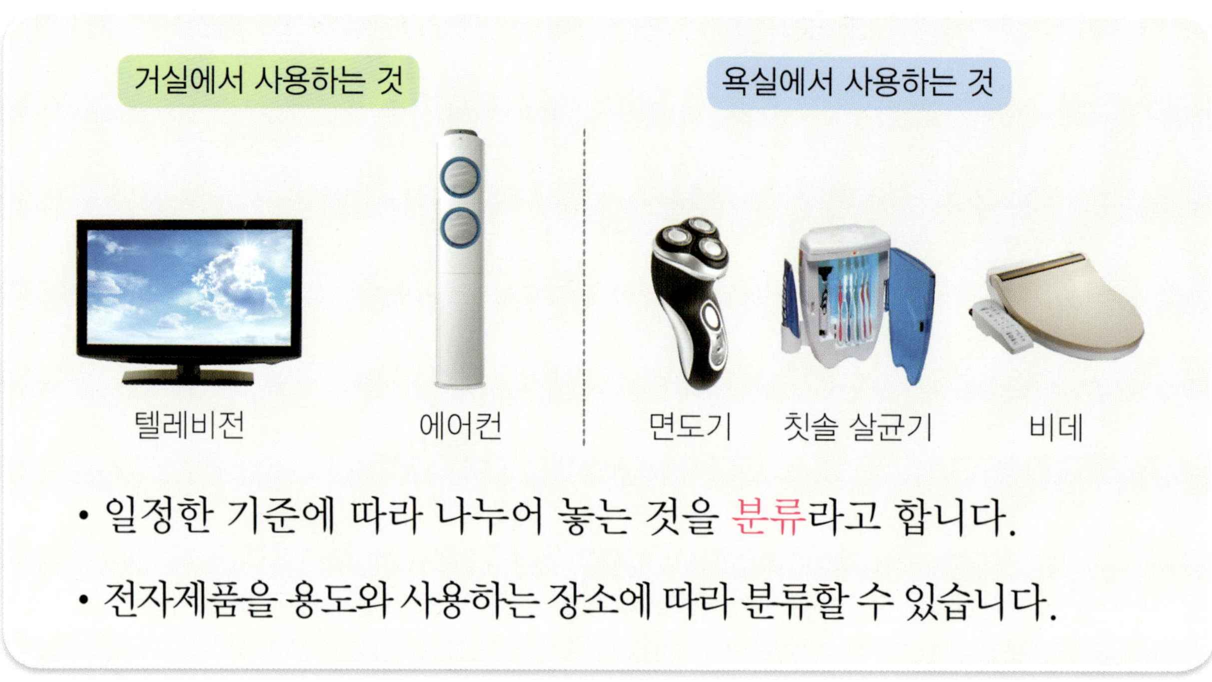

- 일정한 기준에 따라 나누어 놓는 것을 분류라고 합니다.
- 전자제품을 용도와 사용하는 장소에 따라 분류할 수 있습니다.

1 시원하게 하는 것에는 ◯표, 따뜻하게 하는 것에는 △표 하세요.

2 주방에서 사용하는 것과 사용하지 않는 것으로 나누어 보세요.

주방에서 사용하는 것	오븐,
주방에서 사용하지 않는 것	다리미,

3 알맞은 단어를 찾아 빈 곳에 써보세요.

운동

요리

청소

　　　　에 관련된 전자제품

- 전자제품을 모양과 크기, 색깔에 따라 분류할 수 있습니다.

[**1~3**] 전자제품을 보고, 물음에 답하세요.

1 네모난 것과 동그란 것으로 나누어 보세요.

네모난 것	에어컨,
동그란 것	선풍기,

2 흰색인 것과 빨간색인 것으로 나누어 보세요.

흰색	에어컨,
빨간색	정수기,

3 나의 키보다 큰 것과 작은 것으로 나누어 보세요.

큰 것	
작은 것	

[전자제품 설명]

1 전자제품을 보고, 빈칸에 들어갈 알맞은 말을 골라 써보세요.

| 네모난 | 빨간 | 바람 | 물 |

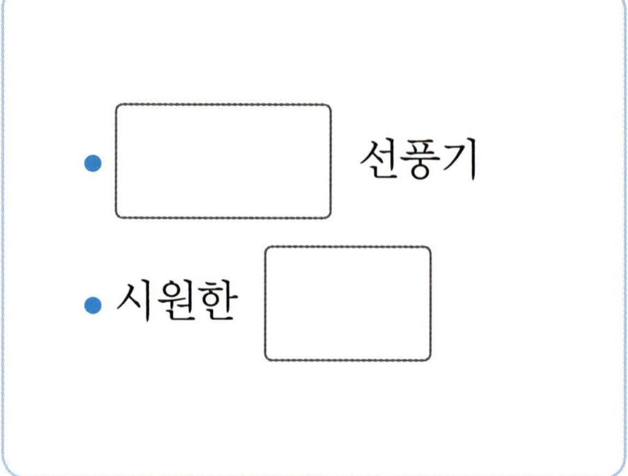

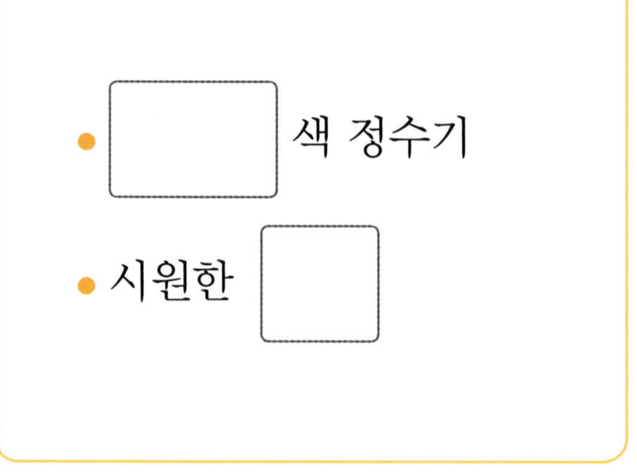

2 전자제품을 사용하는 계절에 알맞게 선으로 이어 보세요.

[전자제품 분류 1]

3 빨간색인 것과 네모 모양인 것으로 나누고, 빈칸에 알맞은 말을 써넣으세요.

빨간색	로봇 청소기,
네모 모양	텔레비젼,

➡ 빨간색이고 네모 모양인 것은 ⬚ , ⬚ 입니다.

4 주방에서 사용하는 것과 네모 모양인 것으로 나누어 동그라미 표에 알맞게 붙이고, 빈칸에 알맞은 말을 써넣으세요.

붙임 딱지 분류

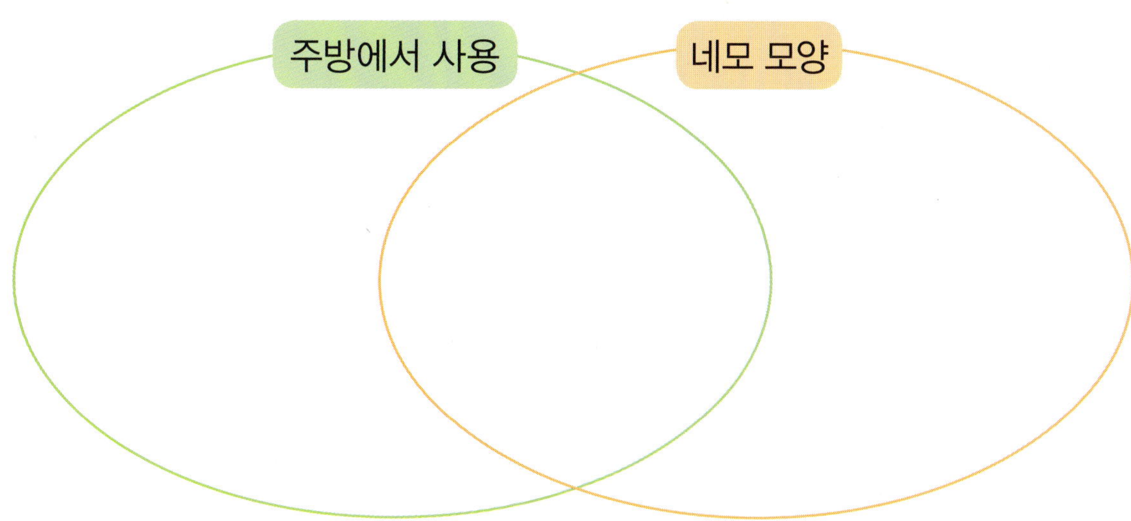

➡ 주방에서 사용하고 네모 모양인 것은 ☐ 입니다.

여러 가지 냉장고

우리가 알고 있는 일반적인 냉장고 외에도 화장품 냉장고, 김치냉장고, 와인 냉장고, 쌀 냉장고 등이 있어 냉장고 속 물건들을 상하지 않고 신선하게 보관해 줍니다.

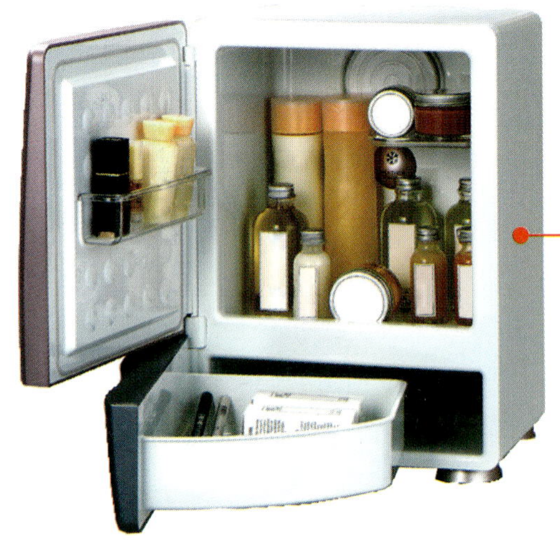

화장품 냉장고
온도를 12~15도로 유지하여
화장품이 변질되지 않게 합니다.

김치냉장고
김치를 맛있게 익혀 주고, 맛있는
김치의 맛을 오래 유지해 줍니다.

와인 냉장고
와인의 온도를 일정하게 유지하고,
와인을 유해광선으로부터 지켜줍니다.

쌀 냉장고
온도와 습도를 유지하여 영양과
밥맛을 유지해 줍니다.

다양한 용도로 사용되는 전자 제품에는 어떤 것이 있을까요?

A 카메라도 다양한 용도로 사용됩니다. 일반 카메라는 사진을 찍을 때, CCTV는 특정한 장소를 감시하기 위해, 화상 카메라는 인터넷을 이용하여 멀리 있는 사람과 대화할 때 사용합니다.

날씨 Ⅲ

곤충학자

곤충에 대한 모든 것을 알고 있어요.

개굴개굴!
개구리가 노래하는 봄,
맴~매엠~ 매미가 노래하는 여름,
하지만, 기온이 35도를 넘어가는
아주 더운 날씨에는 매미도
더위에 지쳐 노래를 멈추곤 해요.

가을에 뚜루뚜루 귀뚜라미 소리를 들어 봐요.

기온을 알 수 있어요.
기온이 높을수록 뚜뚜뚜뚜 빠르게 울고,
기온이 낮을수록 뚜~우~르~르 느리게 울어요.

꼭꼭 숨어도 다 찾을 수 있어요.
나의 꿈은 곤충학자거든요.

따뜻한 봄,
알에서 깨어난 새끼 메뚜기는
흙이랑 몸 색깔이 똑같아요.
그래서 쉽게 찾을 수가 없어요.

여름이 되면 새끼 메뚜기는
몸 색깔을 풀 색깔로 바꾸고,
맛있는 풀을 뜯어 먹으며
무럭무럭 자라요.

가을, 어른이 된 메뚜기는
변해가는 나뭇잎 색깔에 맞춰서
몸 색깔도 바꾸어요.

추운 겨울, 메뚜기는
떨어진 낙엽을 이불 삼아
추위를 견디고, 갈색 낙엽에
꼭꼭 숨어 지낸답니다.

개미와 베짱이

개미와 베짱이 동화를 읽고, 그림에 순서대로 1, 2, 3, 4를 써 봅시다.
또, 그림을 보고 달라지는 것을 이야기해 봅시다.

개미와 베짱이

향기로운 꽃이 활짝 핀 봄이에요.
개미는 일을 하고, 베짱이는 기타 연주를 해요.

쨍쨍 햇빛이 내리쬐는 여름에도
개미는 일을 하지만
베짱이는 수박을 먹으며 노래를 불러요.

우수수 낙엽이 떨어지는 가을,
개미의 집에는 곡식과 과일이 쌓이고,
베짱이는 노래 실력만 늘고 있어요.

쌩쌩 눈보라가 몰아치는 겨울이 왔어요.
놀기만 하던 베짱이는 춥고 배고프게 지내지만
열심히 일한 개미는 따뜻하고 배부른 겨울을 보낸답니다.

1

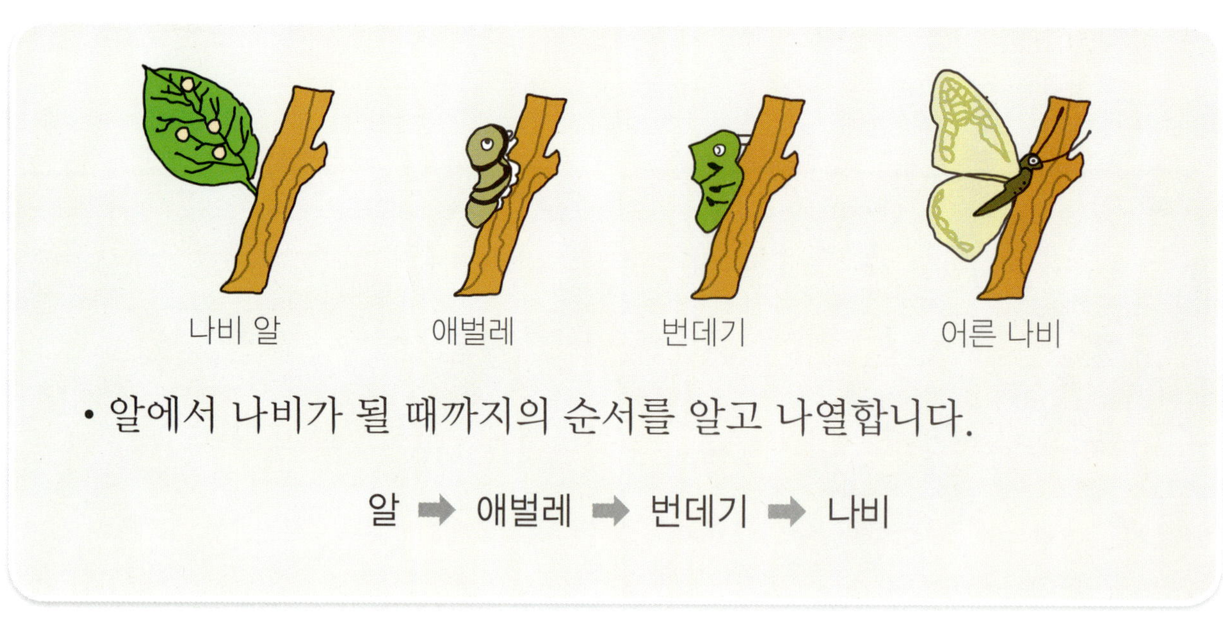

- 알에서 나비가 될 때까지의 순서를 알고 나열합니다.

알 ➡ 애벌레 ➡ 번데기 ➡ 나비

1 그림을 보고, 순서대로 번호를 쓰세요.

2 지렁이는 비가 오면 땅 밖으로 나왔다가 비가 그치고 해가 뜨면 다시 땅속으로 들어갑니다. 순서대로 번호를 쓰세요.

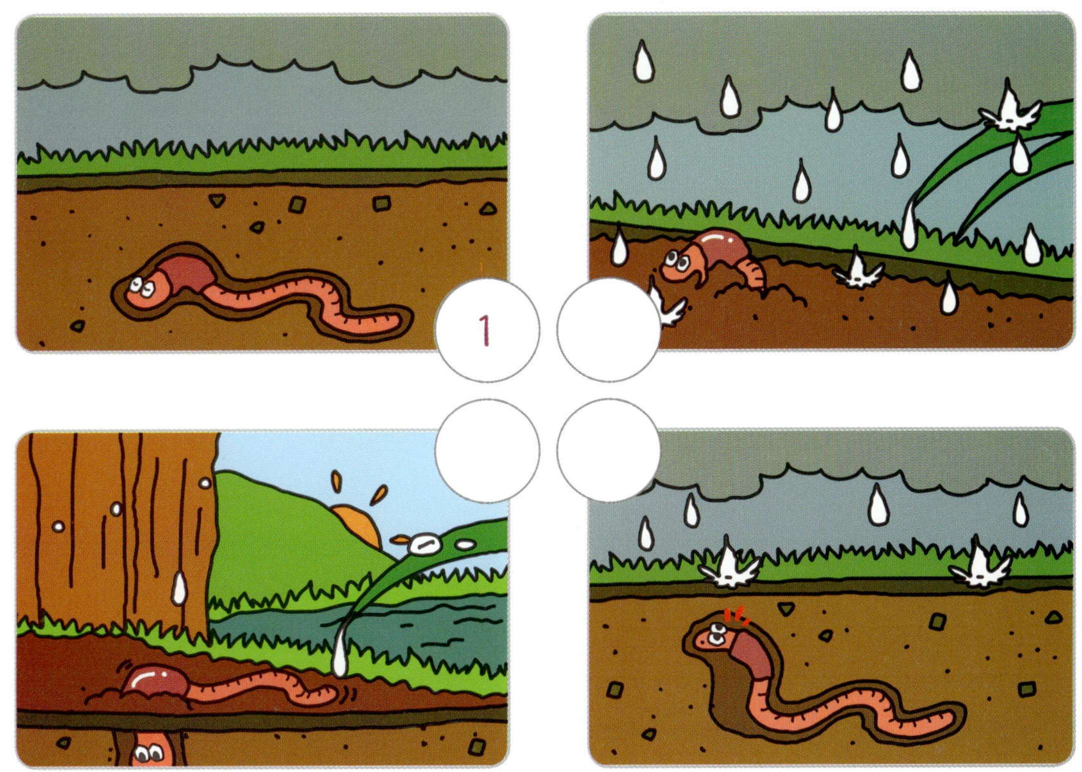

3 봄, 여름, 가을 겨울 순서대로 번호를 쓰세요.

- **끝말잇기**에는 낱말의 끝 글자가 다음에 오는 낱말의 첫 글자가 되도록 하는 규칙이 있습니다.

사과 ➡ 과수원 ➡ 원숭이 ➡ 이사

1 끝말잇기가 되도록 주어진 낱말을 빈칸에 써넣으세요.

| 개미 | 모기 | 거미 | 파리 |

이모 ➡ 모기 ➡ 기차 ➡ 차표

편지 ➡ 지우개 ➡ ⬜ ➡ 미술

태양 ➡ 양파 ➡ ⬜ ➡ 리본

2 끝말잇기가 되도록 주어진 낱말을 빈칸에 써넣으세요.

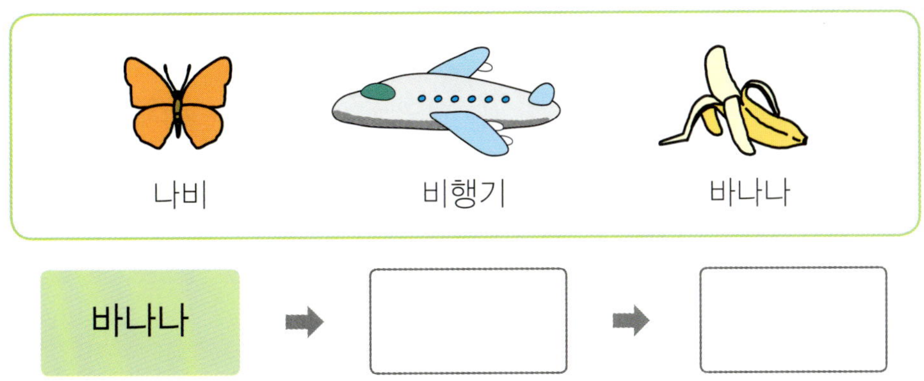

바나나 ➡ 　 ➡ 　

3 올챙이가 개구리가 되도록 끝말 잇기를 해 보세요.

[해와 달]

1 해와 달의 규칙을 찾아 빈칸에 오는 해의 위치와 달의 모양에 ◯표 하세요.

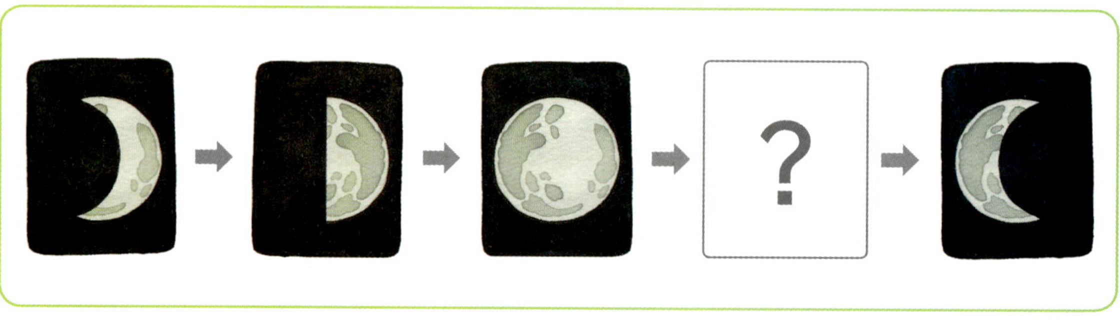

2 규칙을 바꾸어 가며 낱말 잇기 게임을 하려고 합니다. 규칙에 따라 알맞은
동물의 이름을 찾아 빈칸에 써넣으세요.

❶ 끝나는 글자를 같게 하여 낱말 잇기를 합니다.

| 개나리 | ➡ | 잠자리 | ➡ | | ➡ | |

❷ 시작하는 글자를 같게 하여 낱말 잇기를 합니다.

| 고구마 | ➡ | 고드름 | ➡ | | ➡ | |

❸ 2글자 낱말로 끝말잇기를 합니다.

| 체조 | ➡ | 조개 | ➡ | | ➡ | 미술 |

[끝말잇기]

3 끝말잇기가 되도록 빈칸에 알맞은 동물 이름을 써넣으세요.

[수 잇기]

4 규칙을 찾아 빈칸에 알맞은 수를 써넣으세요.

그림 그리기

빈 곳에 어울리는 그림을 그려 봅시다.

게임 방법

❶ 사진의 빈 곳에 어떤 그림이 들어가면 좋을지 생각합니다.

❷ 크기와 모양에 맞게 어울리는 그림을 그립니다.

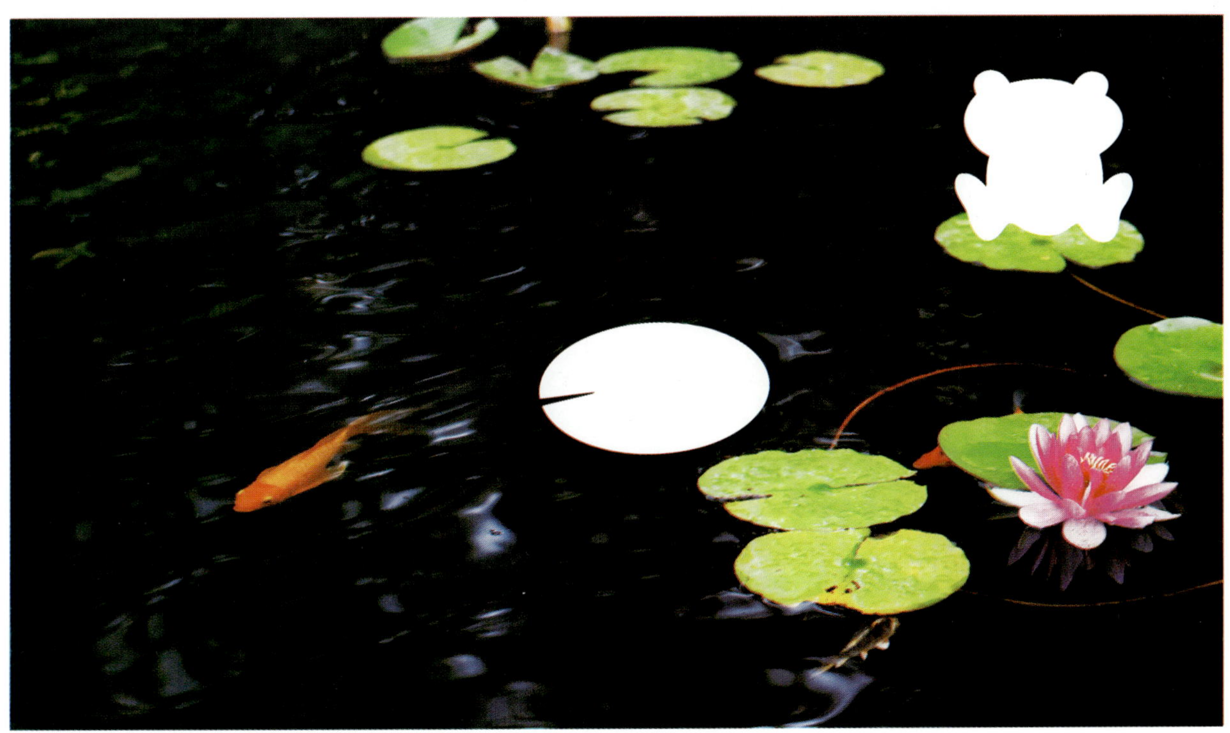

어울리지 않는 것

그림에서 어울리지 않는 것을 찾아 ○표 하고, 그 이유를 이야기해 봅시다.

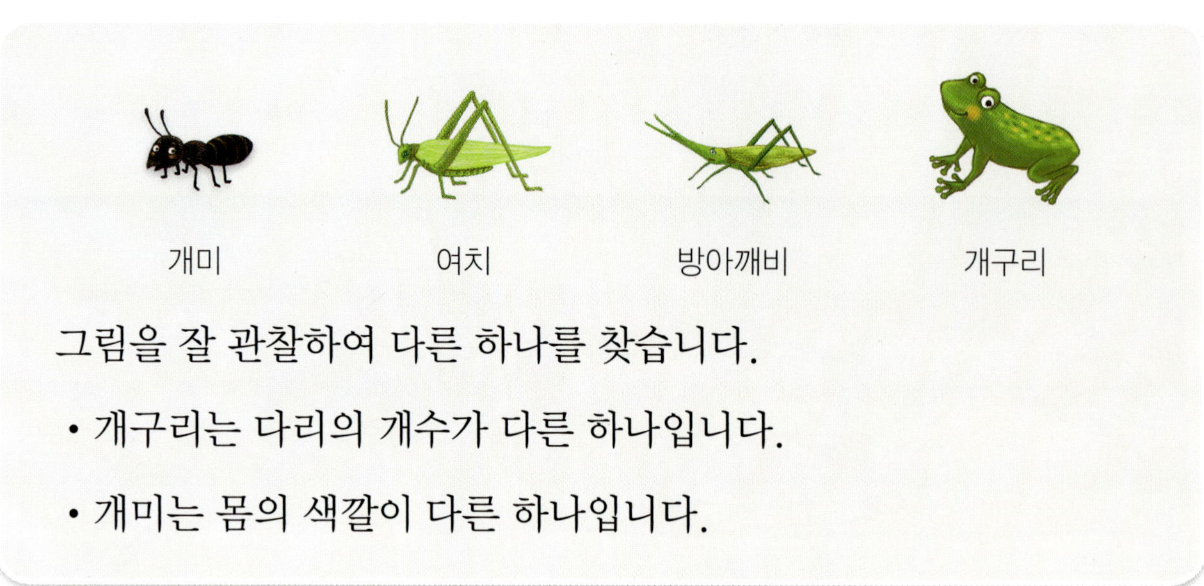

그림을 잘 관찰하여 다른 하나를 찾습니다.

- 개구리는 다리의 개수가 다른 하나입니다.

- 개미는 몸의 색깔이 다른 하나입니다.

1 그림을 보고, 다른 하나를 찾아 ○표 하세요.

2 이름을 붙이고, 다른 하나를 찾아 ○표 하세요.

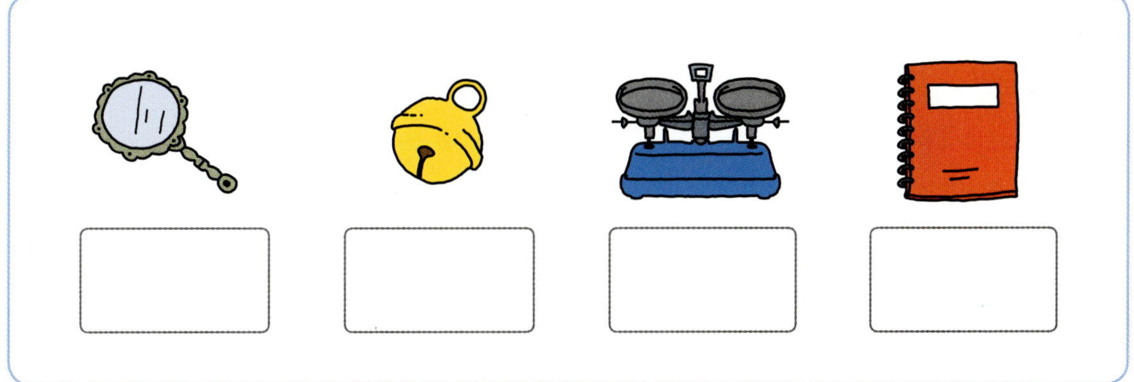

3 그림을 보고, 다른 하나를 찾아 ○표 하세요.

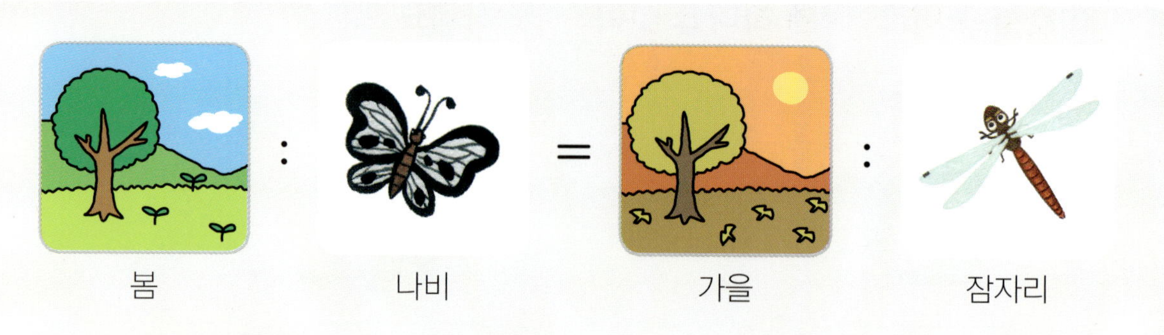

둘 사이의 관계를 알고, 다음에 오는 것을 예상할 수 있습니다.

1. 왼쪽과 오른쪽의 관계를 찾아요.

　➡ 봄에는 나비가 날아다녀요.

2. 같은 관계가 되도록 빈칸을 완성해요.

　➡ 가을에는 잠자리가 날아다녀요.

1 〔보기〕와 같은 관계가 되도록 알맞은 붙임 딱지를 붙여 보세요.

붙임 딱지　동물 관계

  ：　　　　　：  

2 관계를 찾아 빈 곳에 알맞은 그림에 ◯표 하세요.

3 관계를 찾아 빈 곳에 알맞은 그림에 ◯표 하세요.

[동물의 특징]

1 빈 곳에 들어갈 동물에 ○표 하고 동물의 이름을 써넣으세요.

　　　　　만 다리의 개수가 달라요.

　　　　　만 몸에 무늬가 없어요.

　　　　　만 몸의 색깔이 달라요.

[관계]

2 관계를 찾아 빈 곳에 알맞은 그림에 ◯표 하세요.

 :  =  : **?**

 : 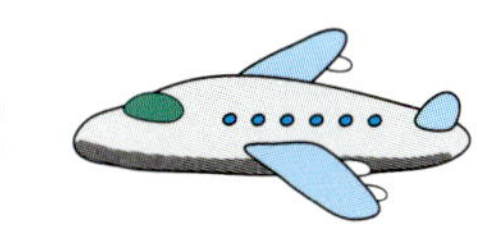 =  : **?**

[공통점이 없는 그림]

3 이름을 붙이고, 다른 하나를 찾아 ◯표 하세요.

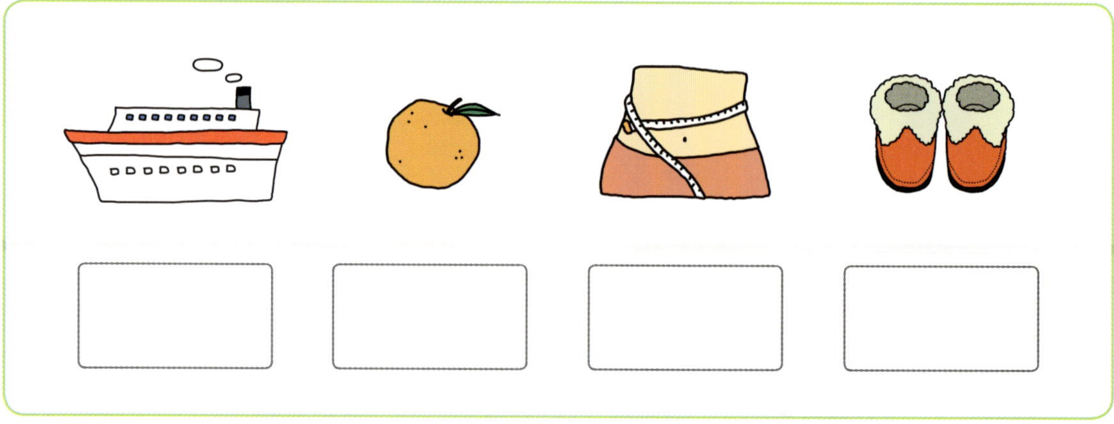

4 자연을 이용하여 에너지를 만들기도 합니다. 관계있는 것끼리 선으로 이어 보세요.

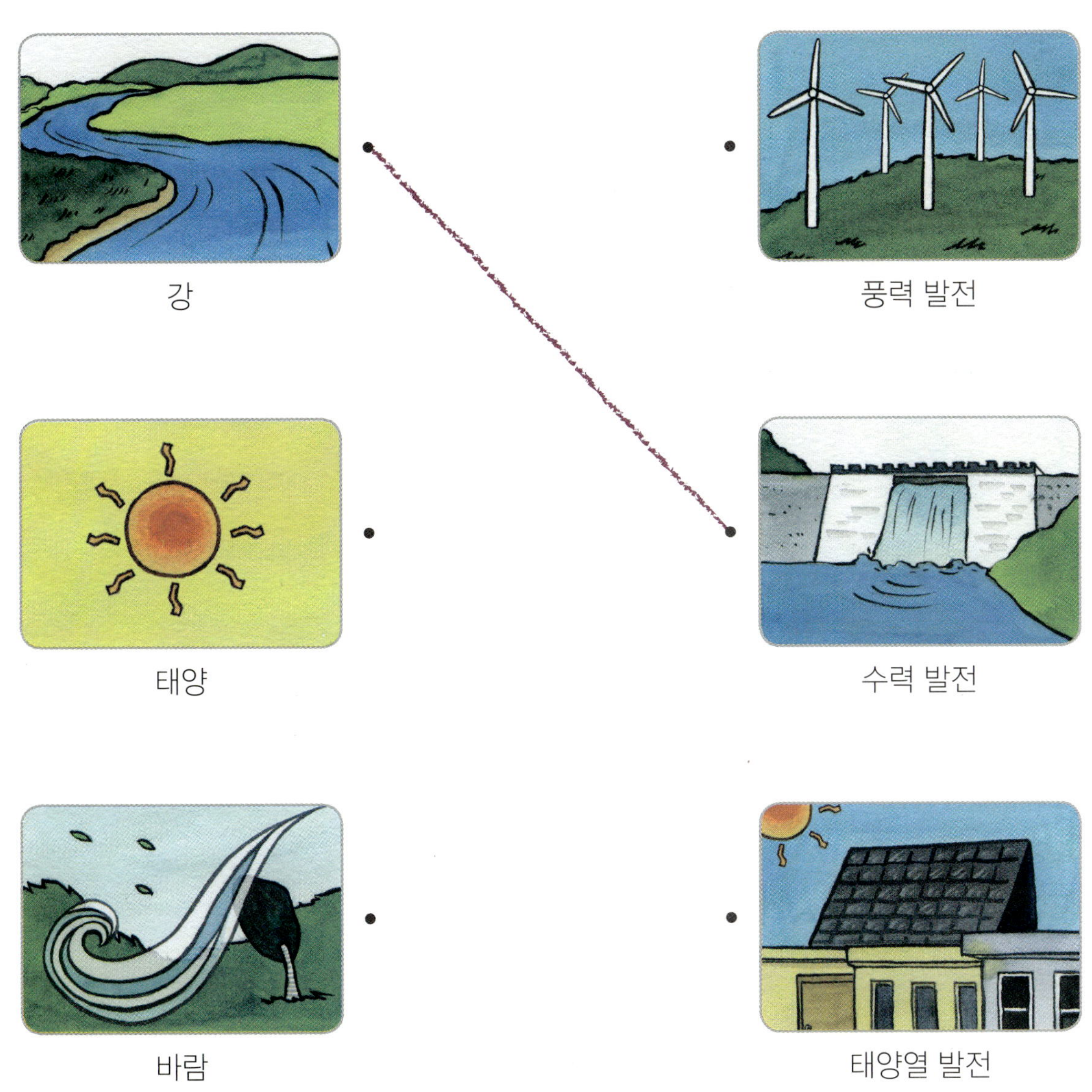

계절별 곤충

곤충은 몸이 '머리, 가슴, 배'로 나누어져 있고, 다리가 3쌍, 날개가 2쌍인 동물을 말합니다. 계절별로 어떤 곤충이 활발하게 활동하는지 알아봅시다.

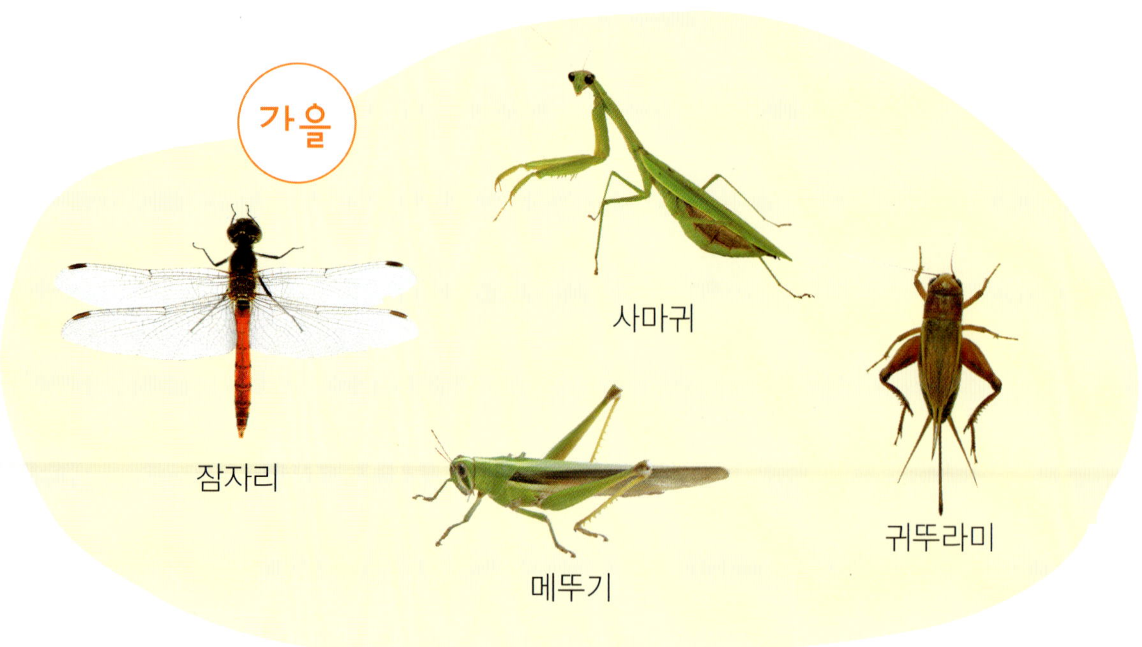

장수풍뎅이

매미

반딧불이

주머니나방의 번데기

노랑나방의 애벌레

나비의 번데기

Q 식물은 어떻게 겨울을 날까요?

A 식물도 다양한 방법으로 겨울을 납니다. 목련, 벚나무 등은 겨울눈으로, 분꽃, 채송화 등은 씨앗으로, 민들레, 망초 등은 잎과 뿌리로, 수선화, 튤립 등은 알뿌리로, 감자, 토란 등은 땅속줄기로 겨울을 납니다.

목련 겨울눈

벚나무 겨울눈

민들레

수선화

날씨 IV

기상예보관

관측 자료를 분석해서 일기예보를 만들어요.

우리 아빠는 기상예보관이에요. 기상예보관은 관측 기구들이 측정한 자료를 분석하여 일기도를 작성하고 날씨를 미리 알려주는 일을 한대요.

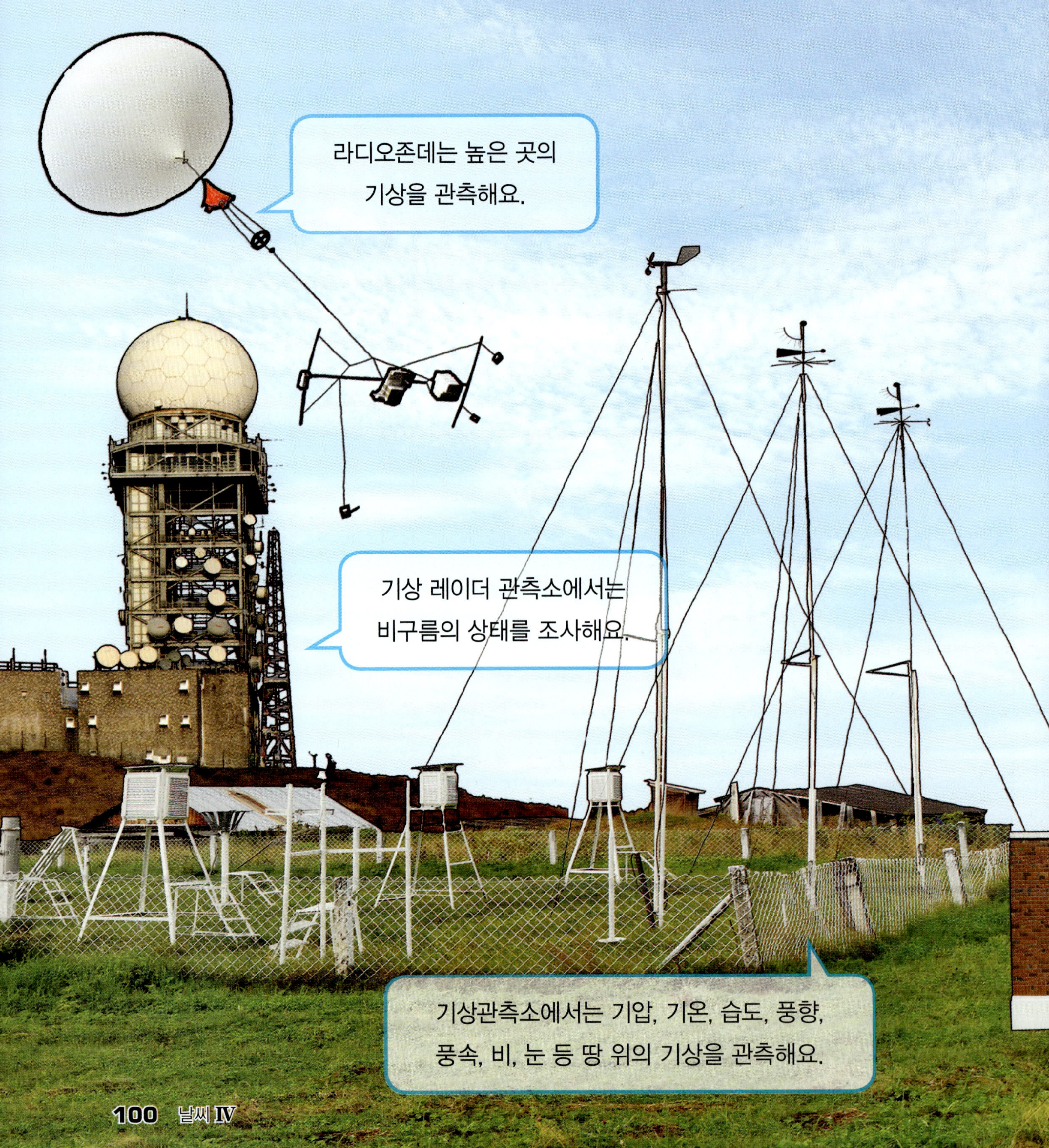

인공위성은 태풍, 집중호우,
황사, 구름 영상 자료를 제공해요.

특수 항공기로 항공 기상을
관측해요.

기상예보관은
자료를 분석해요.

기상 관측선과 노란색 배인 부이는
바다의 기상을 관측해요.

기상예보관들은 자료를 분석하여 일기도를 작성하고,
분석과 회의를 하여 최종적인 일기예보를 만들어요.

이렇게 만들어진 일기예보는
TV, 라디오, 신문, 스마트폰 등을 통해 볼 수 있어요.

일기예보

4월의 날씨를 그림으로 나타내었습니다. 달력을 보고, 물음에 답해 봅시다.

● 각 그림은 어떤 날씨를 나타내는지 알맞은 붙임 딱지를 붙여 보세요.

● 다음 날씨 중 4월 달력에 없는 것을 골라 ◯표 하세요.

● 달력을 보고 4월의 날씨에 대해 이야기해 보세요.

요일	월	화	수	목	금	토	일
날씨	☀	☁	☁	☀	☀	☀	☀

- 날씨를 그림그래프로 나타낼 수 있습니다.

- 맑은 날이 흐린 날보다 더 많습니다.

맑은 날	☀ ☀ ☀ ☀ ☀	5
흐린 날	☁ ☁	2

1　　１１월 １일부터 １２일까지 날씨를 그림그래프로 나타내어 보세요.

맑은 날	☀	
비 오는 날		

2 ㅣ2월 ㅣ일부터 ㅣ4일까지 날씨를 그림그래프로 나타내어 보세요.

맑은 날		
흐린 날		
눈 오는 날		

3 그림그래프를 보고 빈 곳에 알맞은 낱말을 붙여 보세요.

맑은 날	☀ ☀ ☀ ☀ ☀	5
흐린 날	☁ ☁ ☁	3
비 오는 날		7

- ☐ 날이 가장 많습니다.

- 맑은 날이 ☐ 날 보다 더 많습니다.

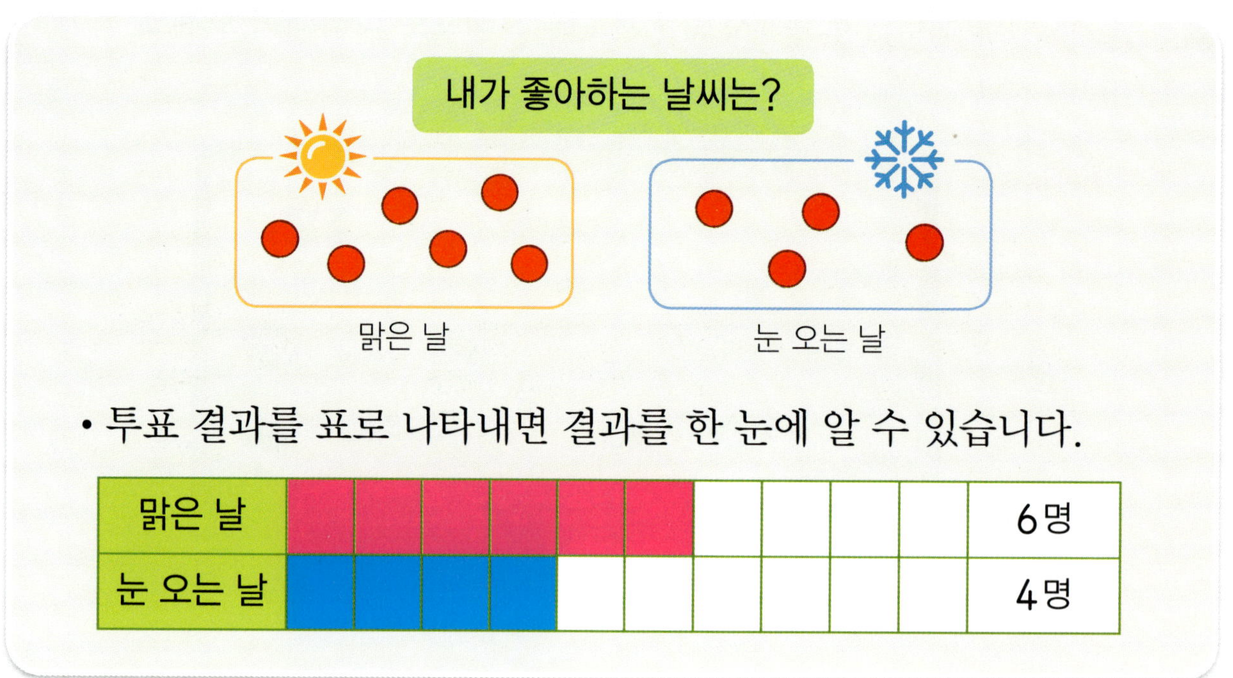

맑은 날											6명
눈 오는 날											4명

• 투표 결과를 표로 나타내면 결과를 한 눈에 알 수 있습니다.

1 투표 결과를 보고, 표로 나타내어 보세요.

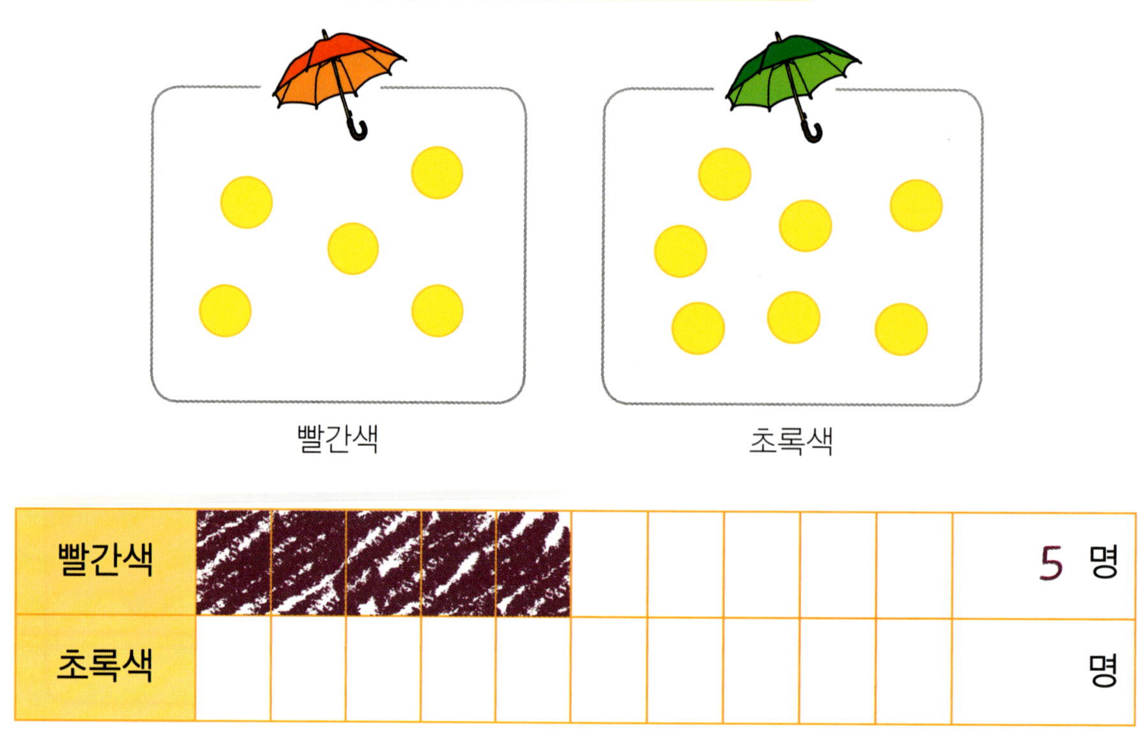

빨간색											5 명
초록색											명

2 투표 결과를 보고, 표로 나타내어 보세요.

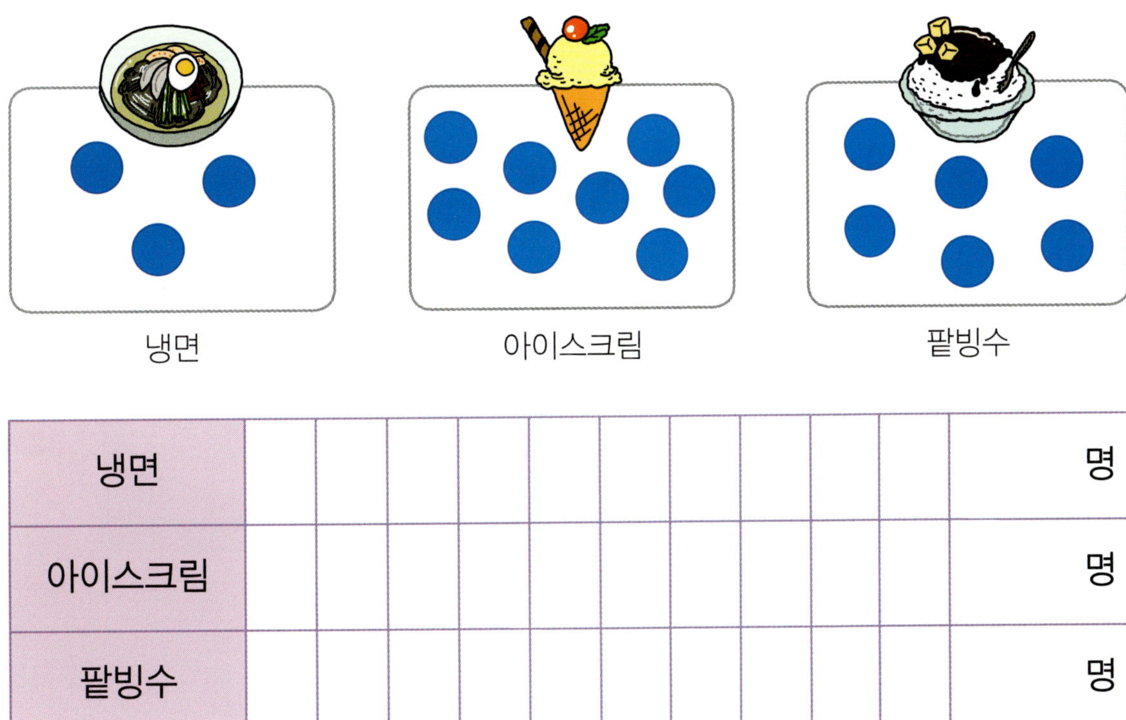

냉면									명
아이스크림									명
팥빙수									명

3 표를 보고 ●를 알맞게 붙여 보세요.

강아지	6명
고양이	4명

강아지   고양이

[날씨]

1 3월 1일부터 17일까지 날씨를 그림그래프로 나타내어 보세요.

맑은 날		
흐린 날		
비 오는 날		

2 친구들이 좋아하는 계절을 나타내려고 합니다. 그림그래프를 완성하고, 표의 빈칸을 재워 보세요.

붙임 딱지 계절

봄	여름	가을	겨울

계절	봄	여름	가을	겨울
친구들 수	명	9명	명	7명

[가고 싶은 곳]

3 친구들이 추운 날 가고 싶은 곳을 알아보기 위해 투표를 했습니다. 투표 결과를 보고, 표로 나타내어 보세요.

추운 날 가고 싶은 곳은?

눈썰매장									명
스케이트장									명
찜질방									명

4 여러 가지 모양의 아이스크림이 있습니다. 아이스크림을 모양과 색으로 구분하여 그림그래프로 나타내어 보세요.

붙임 딱지 아이스크림

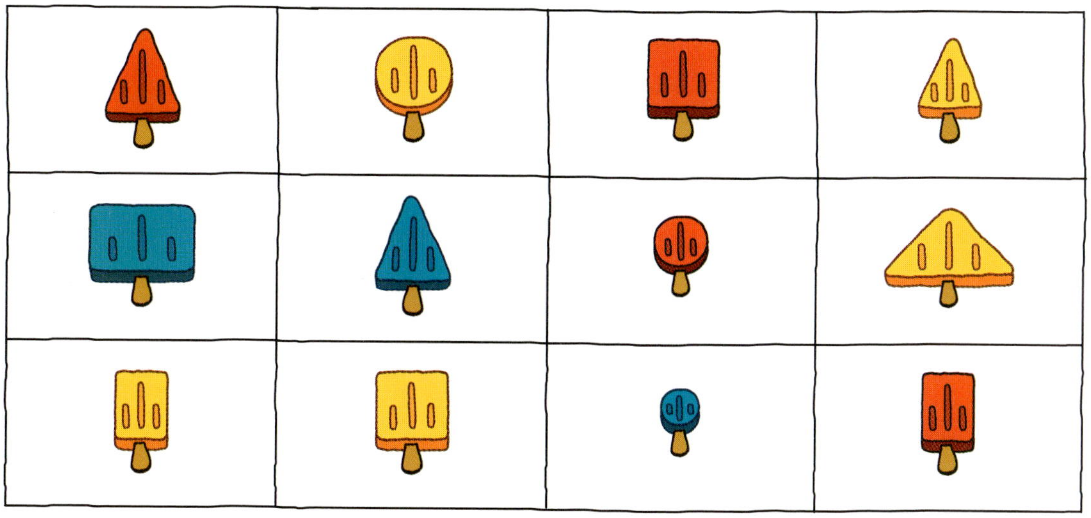

세모	△ △ △ △	4
네모		
동그라미		

빨강	⬡ ⬡ ⬡ ⬡	
파랑		
노랑		

투표하기

가족들과 함께 좋아하는 음식을 알아보는 투표를 해 봅시다.  준비물 투표하기

게임 방법

❶ 가족들과 주변 사람들에게 붙임 딱지를 **3**장씩 나누어 줍니다.

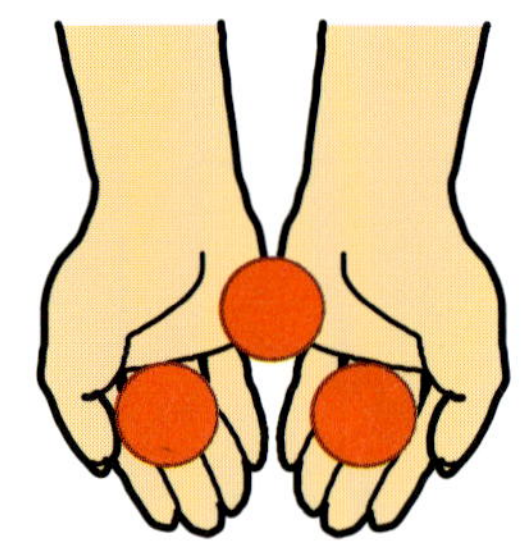

❷ 먹고 싶은 음식에 붙임 딱지를 붙입니다. 단, 좋아하는 간식을 투표할 때에는 **3**가지 중 **2**가지를 골라 붙입니다.

좋아하는 간식은?

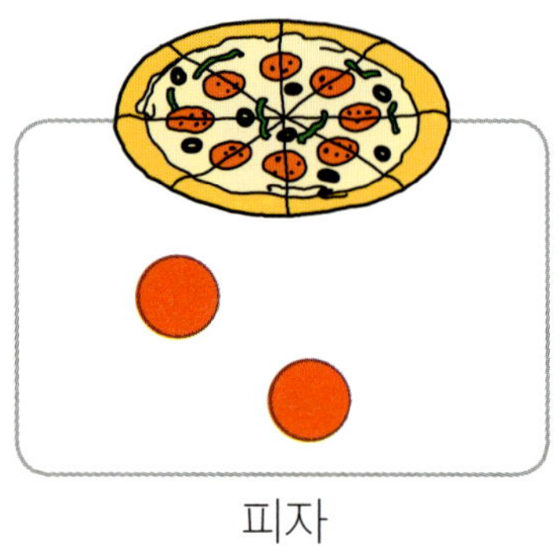

피자

햄버거

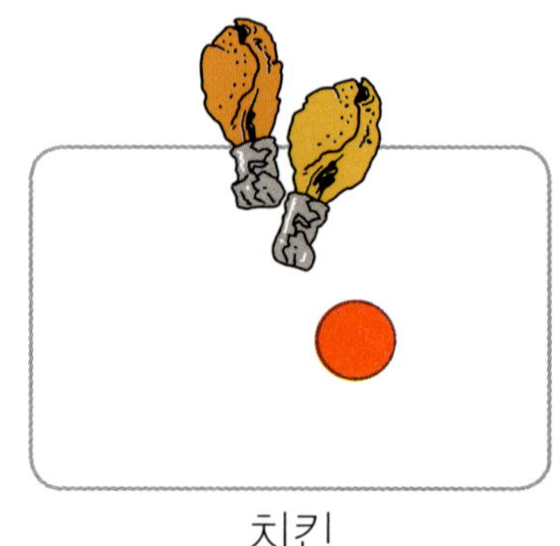

치킨

❸ 붙임 딱지의 수를 세어 가족들이 가장 좋아하는 음식을 알아봅니다.

자장면

짬뽕

피자

햄버거

치킨

온도

따뜻하거나 차가운 정도를 온도라고 합니다. 온도를 재는 온도계의 빨간색 액체가 가리키는 부분을 읽으면 온도를 알 수 있습니다. 각 계절의 온도를 쓰고, 계절에 따라 온도가 어떻게 바뀌는지 이야기해 봅시다.

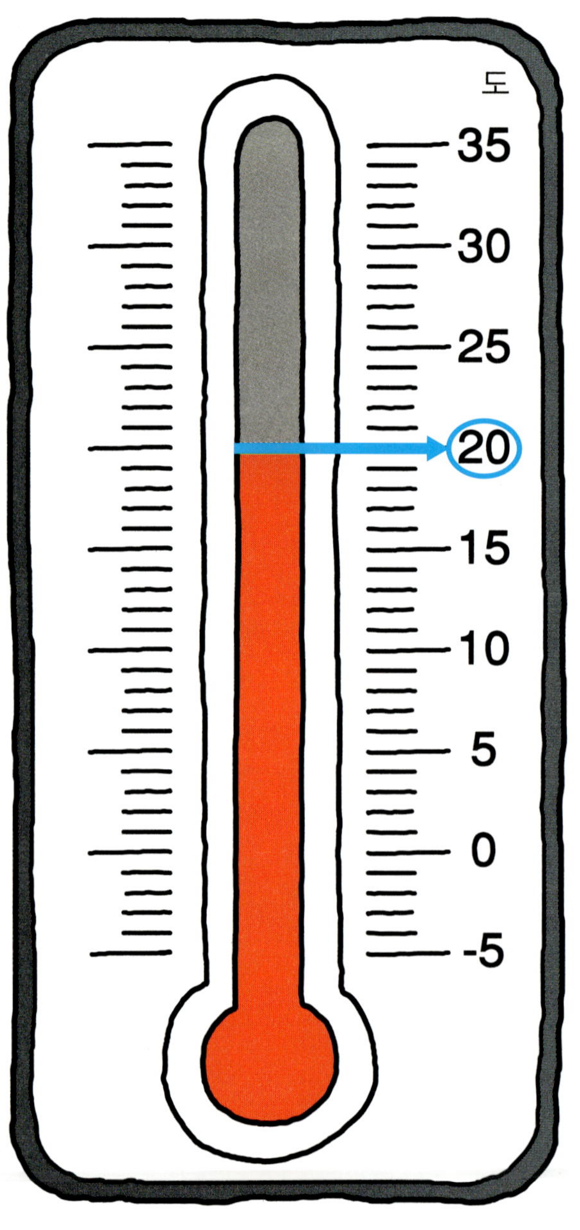

빨간색 액체가 20을 가리키므로 온도는 '20도'입니다.

봄 : ☐ 도

여름 : ☐ 도

가을 : ☐ 도

겨울 : ☐ 도

서울	강릉	대전	광주	부산
2도	5도	4도	7도	8도

- 지역별 온도를 막대그래프로 나타내면 지역마다 온도가 얼마나 다른지 쉽게 알 수 있습니다.

- 온도는 막대를 그려서 나타냅니다.

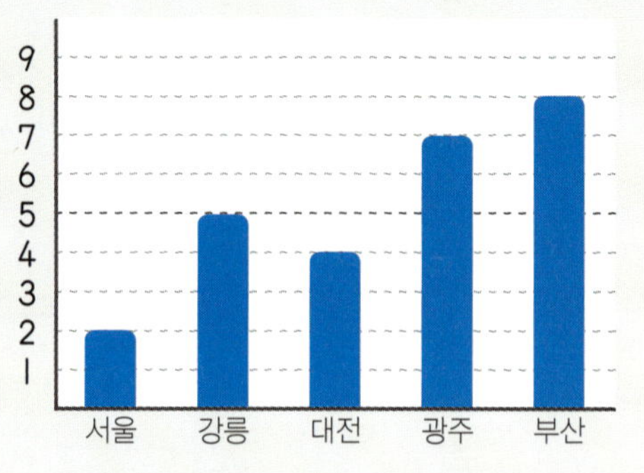

1 막대그래프를 보고, 표의 빈칸에 온도를 알맞게 써넣으세요.

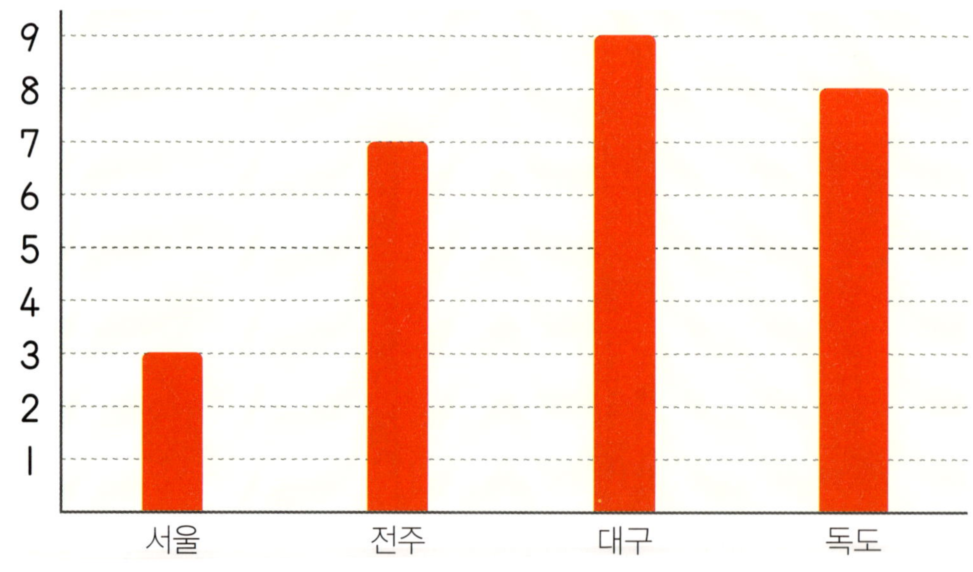

서울	전주	대구	독도
3 도	7 도	도	도

한국	중국	캐나다	미국
4도	8도	2도	1도

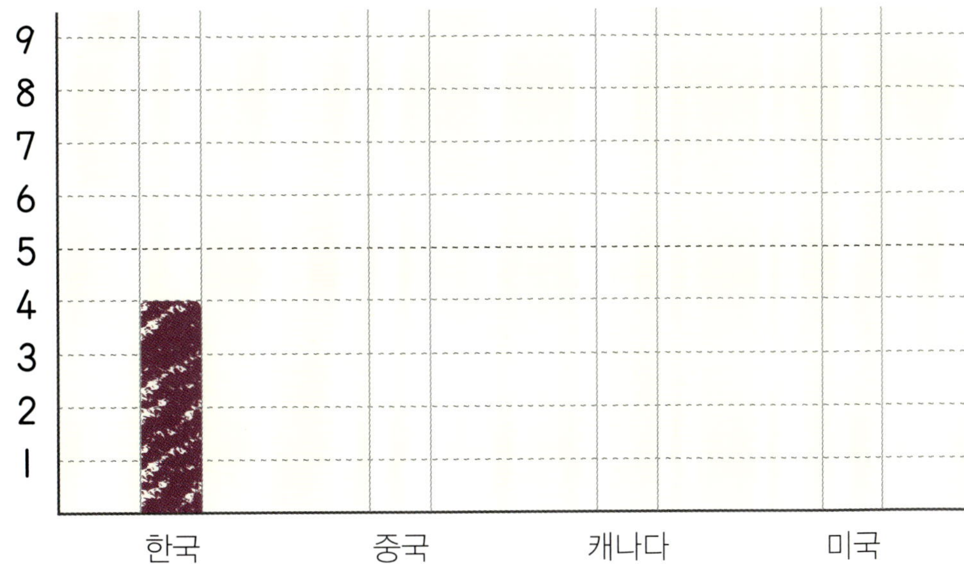

3 유럽 여러 나라의 온도를 나타낸 막대그래프입니다.

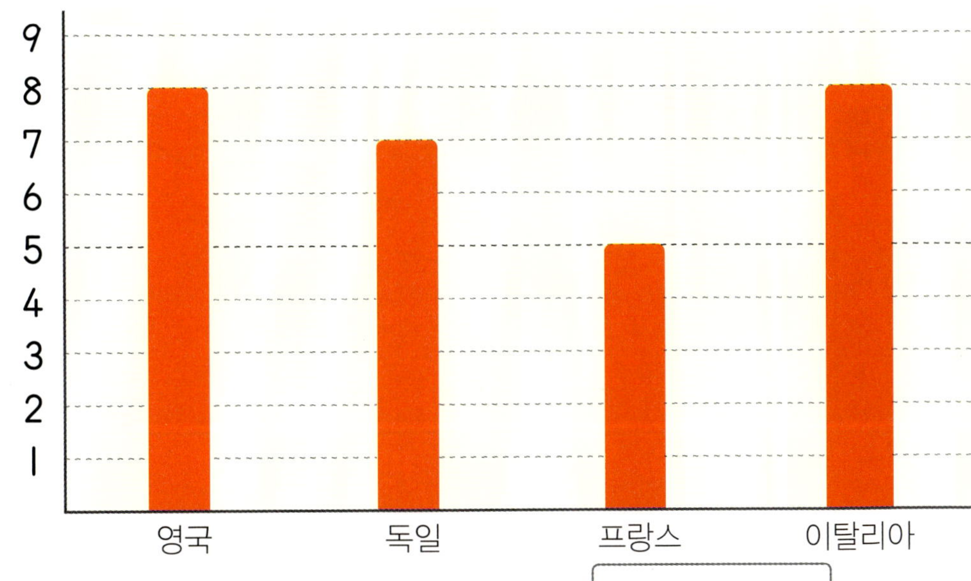

영국과 온도가 같은 나라를 써보세요.

12일	13일	14일	15일	16일
1도	3도	4도	4도	6도

- 날씨를 꺾은선그래프로 나타내면 온도가 어떻게 달라지는지 쉽게 알 수 있습니다.

- 온도에 점을 찍고 선으로 연결합니다.

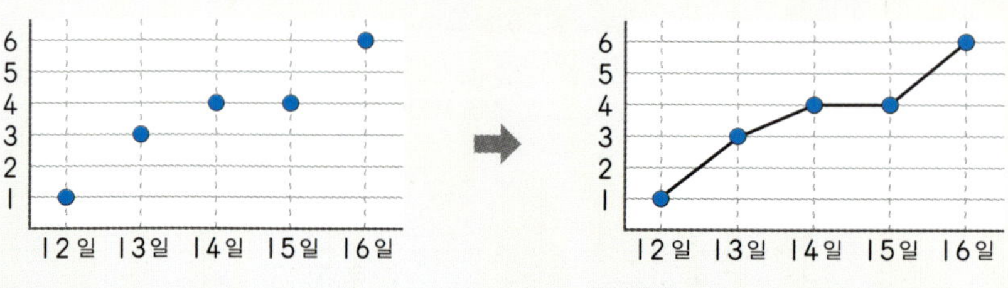

1 꺾은선그래프를 보고 표의 빈칸에 온도를 알맞게 써넣으세요.

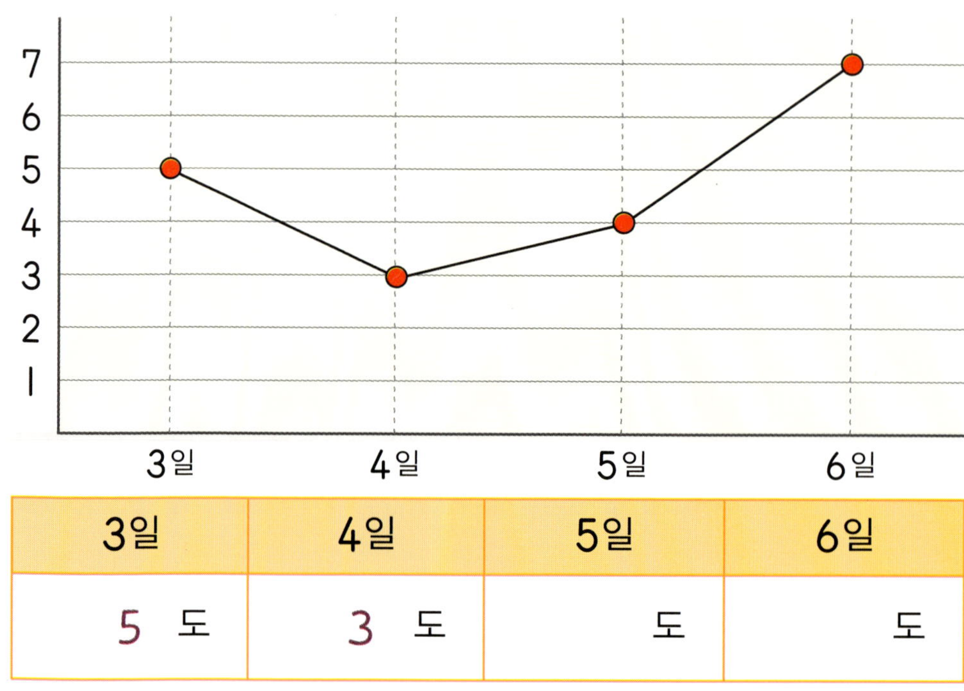

3일	4일	5일	6일
5 도	3 도	도	도

2 월별 온도를 보고 꺾은선그래프로 나타내어 보세요.

4월	5월	6월	7월
10도	15도	20도	25도

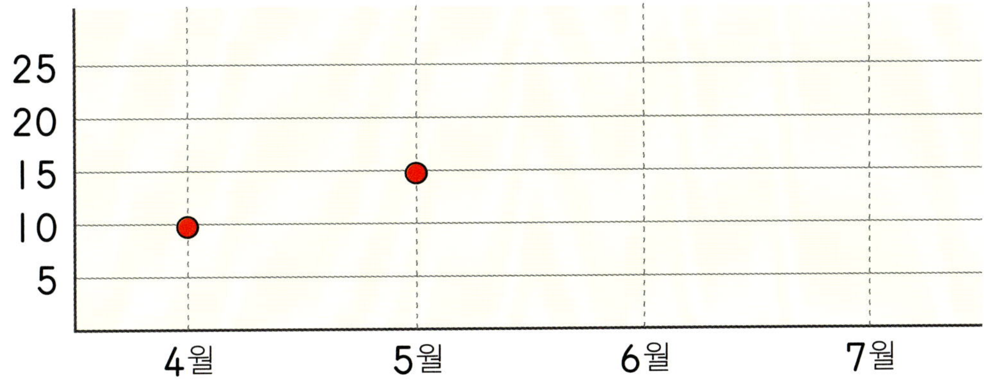

3 시간별 온도를 보고 꺾은선그래프를 나타내어 보세요.

9시	10시	11시	12시
4도	5도	7도	9도

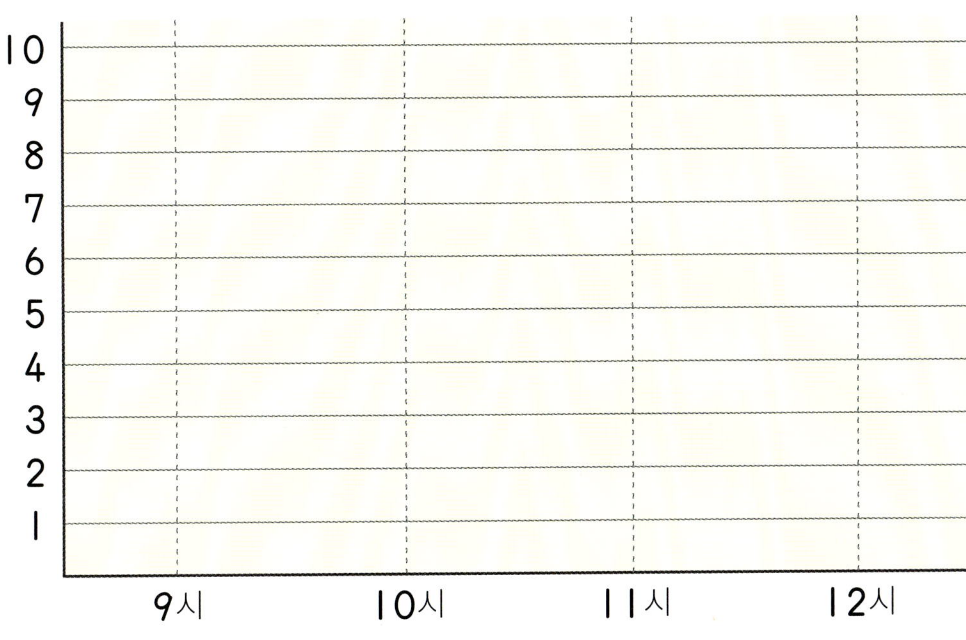

[온도계]

1 온도계를 보고, 아침, 점심, 저녁의 온도를 써넣으세요.

 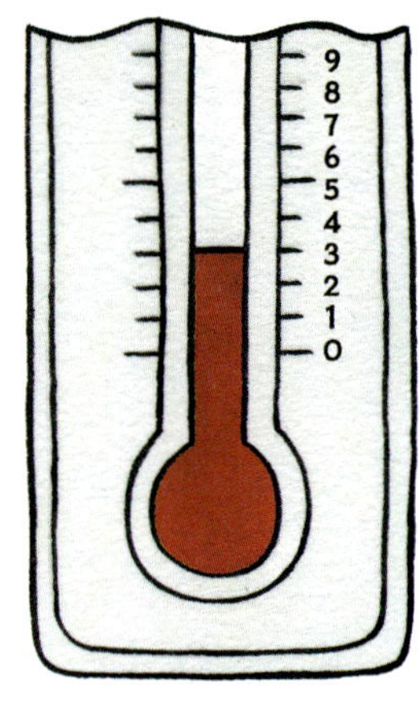

아침 : ☐ 도

 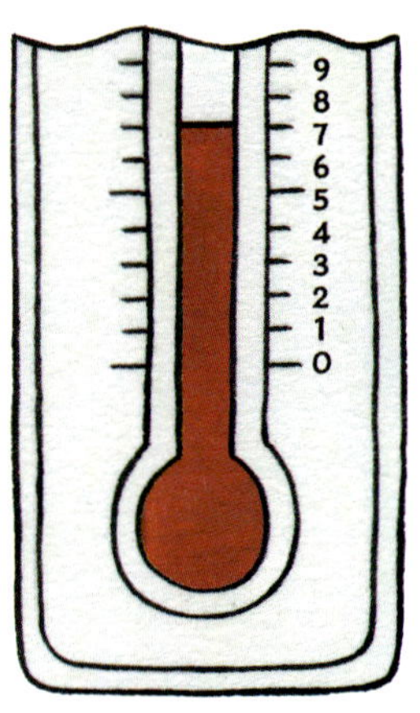

점심 : ☐ 도

 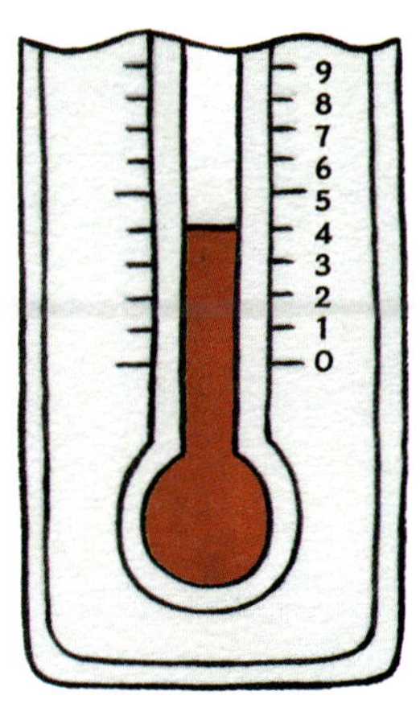

저녁 : ☐ 도

[같은 날의 온도]

2 매년 같은 날 온도를 재어 막대그래프로 나타내었습니다. 막대그래프를 보
고, 표의 빈칸에 온도를 써넣으세요.

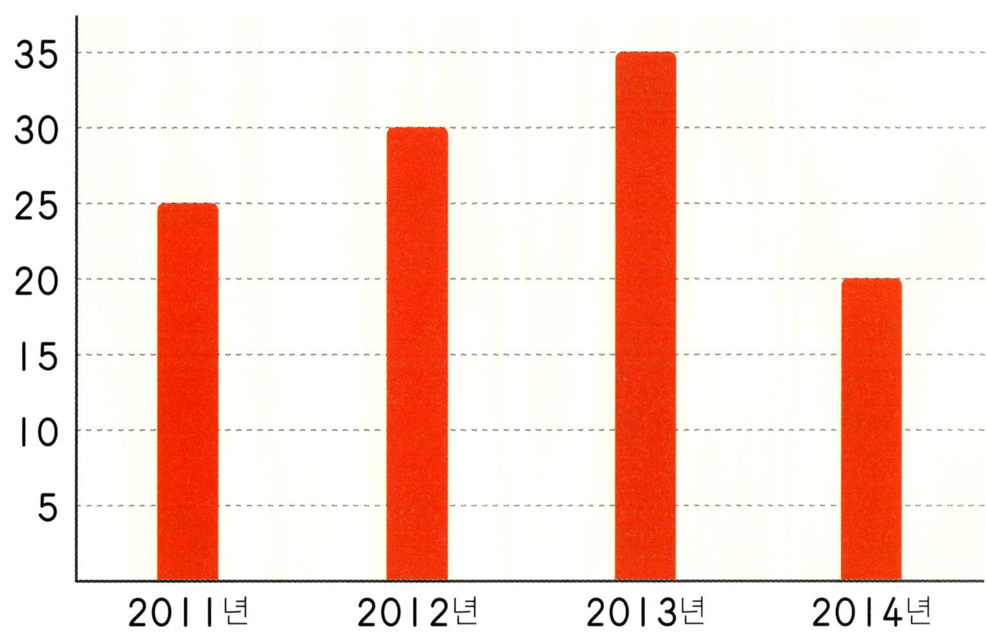

2011년	2012년	2013년	2014년
도	도	도	도

[가고 싶은 곳]

3 여름에 친구들이 가고 싶은 곳을 조사했습니다. 친구들의 수를 막대그래프로 나타내어 보세요.

바다 : **7**명

놀이공원 : **9**명

동물원 : **5**명

수영장 : **6**명

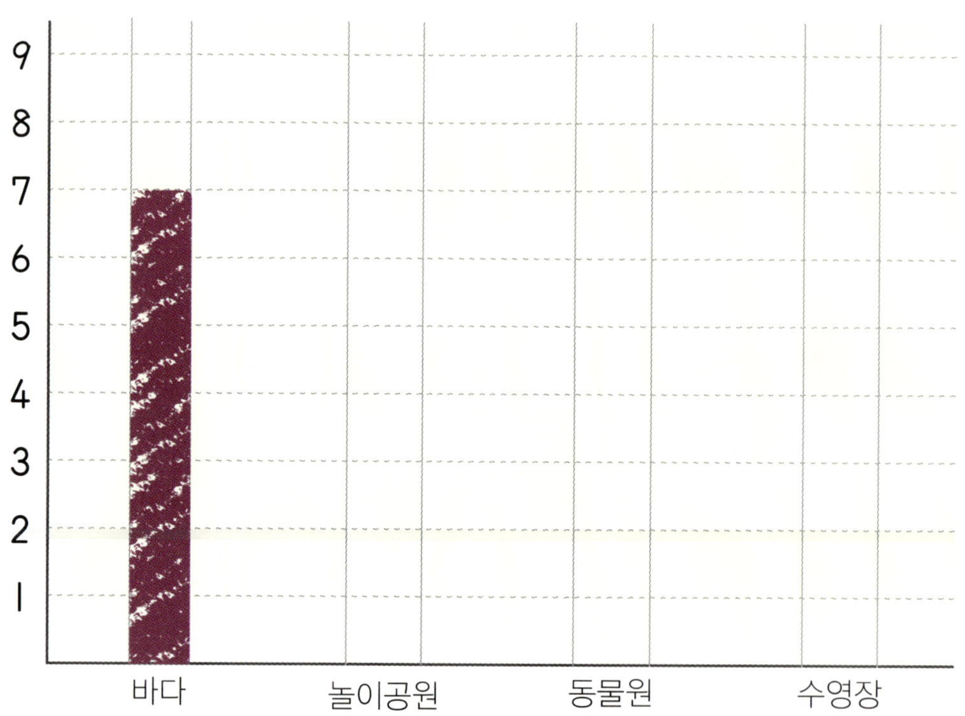

4 따뜻한 물을 냉장고에 넣고 1시간마다 물의 온도를 재어 막대그래프로 나타내었습니다. 막대그래프를 보고, 꺾은선그래프로 나타내어 보세요.

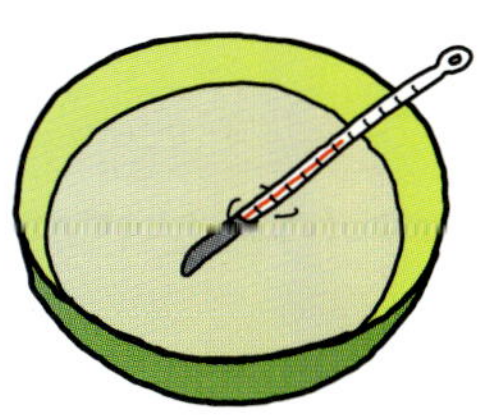

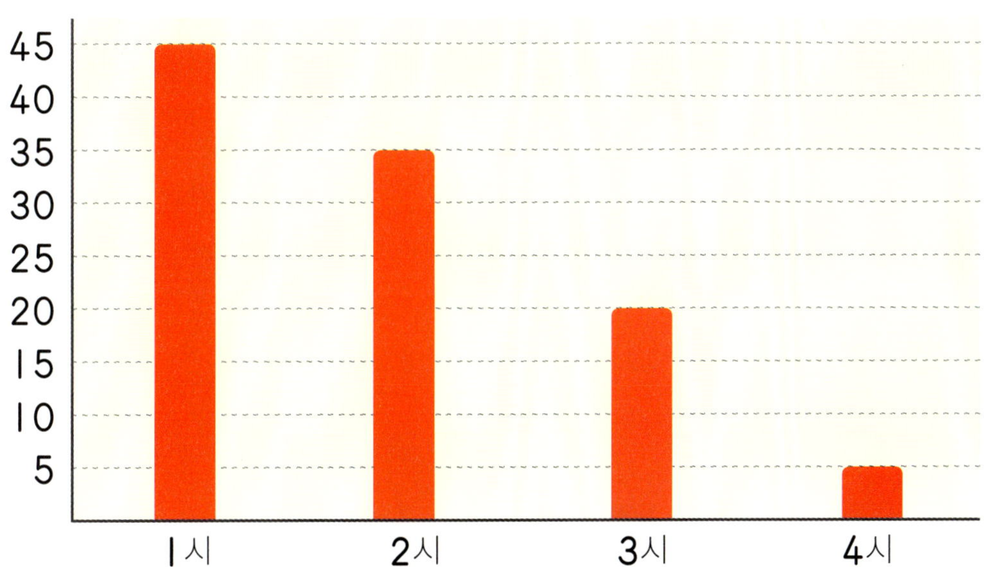

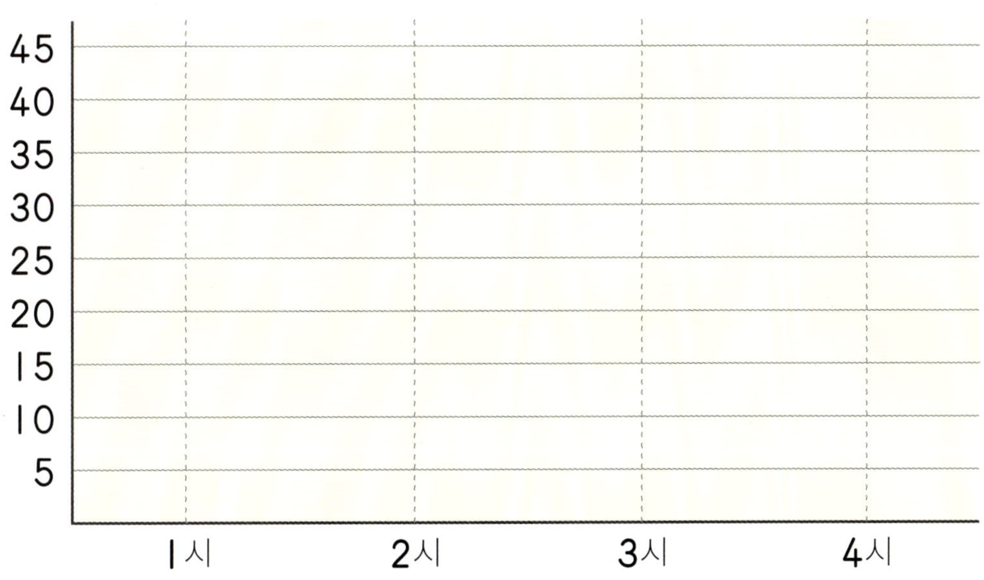

온도계를 바르게 읽는 방법

온도를 잴 때에는 온도계의 구부를 온도를 재고 싶은 곳에 넣고, 빨간색 액체가 멈출 때까지 기다린 다음 멈춘 곳의 숫자를 읽습니다.

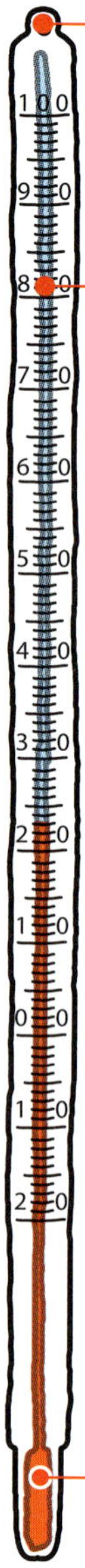

머리부
온도계를 손으로 잡을 때는 머리부를 잡아야 합니다.

가느다란 관
빨간색 액체가 관을 따라 올라가거나 내려갑니다.

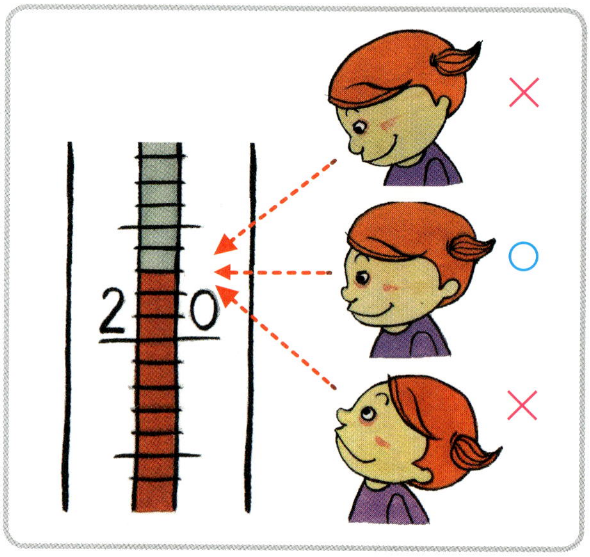

구부
온도를 나타내는 액체가 들어 있습니다. 구부는 손으로 만지지 않고, 바닥에 닿지 않게 해야 합니다.

물의 온도는 100도, 아이의 체온은 36도
입니다.

여러 가지 온도계

 **붙임 딱지** 계절

| | |쪽에 사용하세요.

 **붙임 딱지** 아이스크림

| | 3쪽에 사용하세요.

       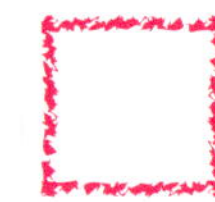

 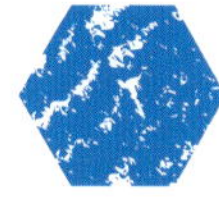  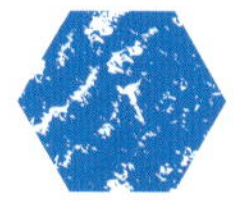  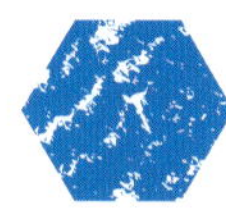 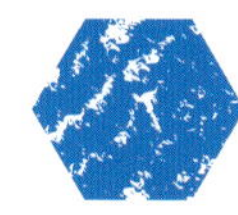 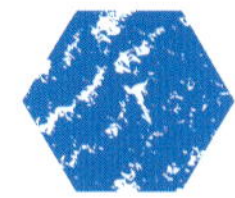

 **붙임 딱지** 투표하기

| | 4~| | 5쪽에 사용하세요.

       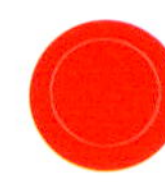  

106~107, 110쪽에 사용하세요.

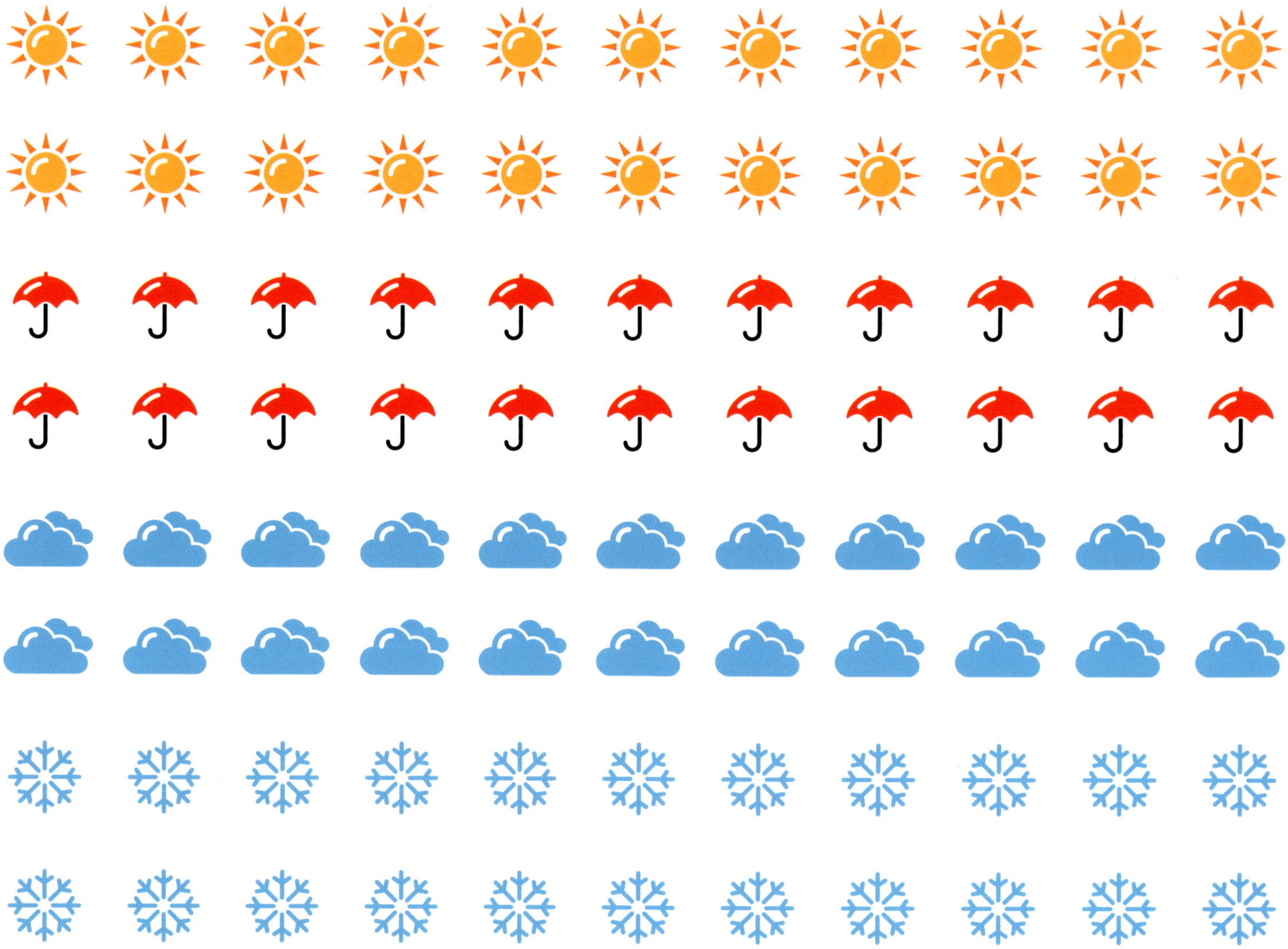

107쪽에 사용하세요.

비 오는   흐린   맑은

109쪽에 사용하세요.

붙임 딱지 분류
65쪽에 사용하세요.

붙임 딱지 이름 1
89쪽에 사용하세요.

공
빵
바나나
달
거울
방울
저울
공책

붙임 딱지 동물 관계
90쪽에 사용하세요.

붙임 딱지 이름 2
94쪽에 사용하세요.

가위
배
배
배
신발
장화
책
토마토
펜
풀

붙임 딱지 일기예보
105쪽에 사용하세요.

맑음
흐림
흐린 후 맑음
비
눈
번개

- 자동차에서 사용해요.
- 모르는 길을 알려줘요.

- 거실이나 방에서 사용해요.
- 구겨진 옷을 펼 수 있어요.

- 주방에서 사용해요.
- 빵을 만들 수 있어요.

- 주방에서 사용해요.
- 그릇을 깨끗하게 닦아줘요.

- 거실이나 방에서 사용해요.
- 더러운 공기를 깨끗한 공기로 바꿔줘요.

- 거실이나 방에서 사용해요.
- 몸무게를 잴 수 있어요.

- 주방에서 사용해요.
- 물을 깨끗하게 만들어줘요.

- 집안 곳곳에서 사용해요.
- 스스로 청소를 해요.

- 주방에서 사용해요.
- 밥을 할 수 있어요.

54~55쪽에 사용하세요.

오븐

다리미

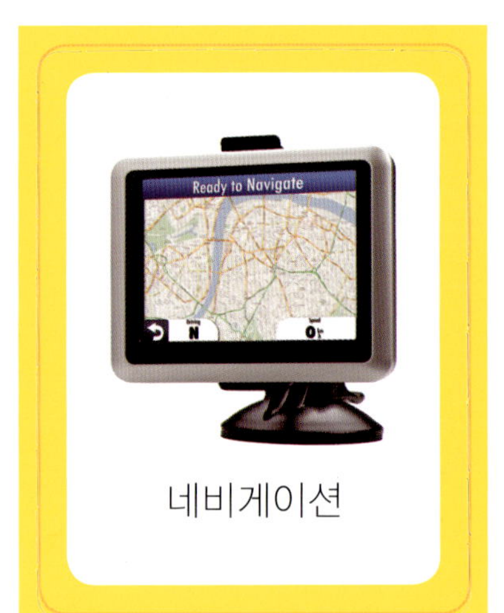

네비게이션

체중계

공기청정기

식기세척기

전기밥솥

로봇 청소기

정수기

붙임 딱지 모자 3개

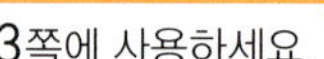
33쪽에 사용하세요.

붙임 딱지 전자제품

48~49쪽에 사용하세요.

   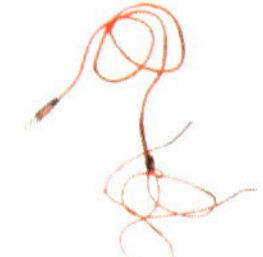  

붙임 딱지 식탁

50쪽에 사용하세요.

믹서기   전기밥솥   김치냉장고   생선구이기   오븐

붙임 딱지 가족

5 | 쪽에 사용하세요.

   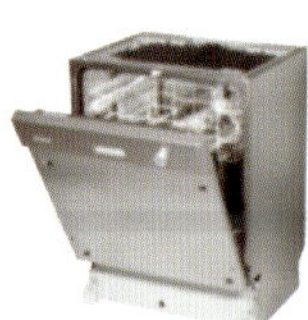

계산기   런닝머신   면도기   식기세척기

 모자 2개
29쪽에 사용하세요.

 신발장
29쪽에 사용하세요.

 단추
30쪽에 사용하세요.

 부츠, 털신
32쪽에 사용하세요.

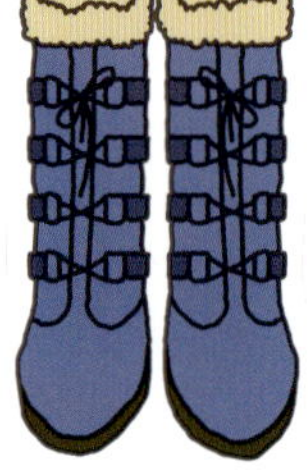 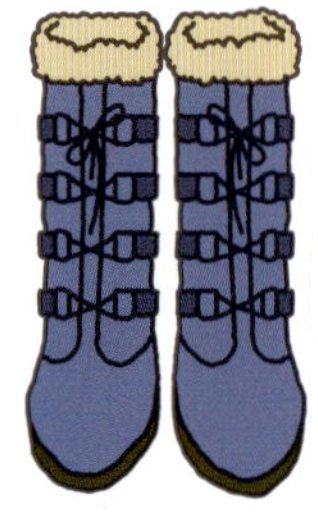 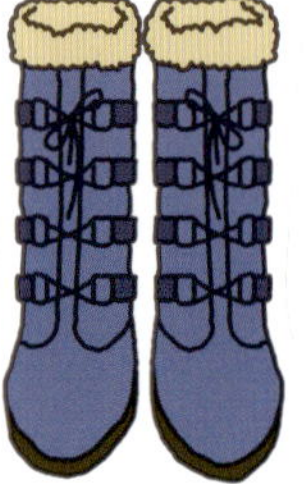  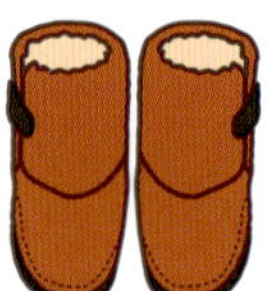 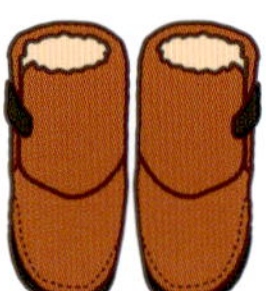

——————　자르는 선
-------------　접는 선

20쪽에 사용하세요.

붙임 딱지 　손 세정제, 마스크

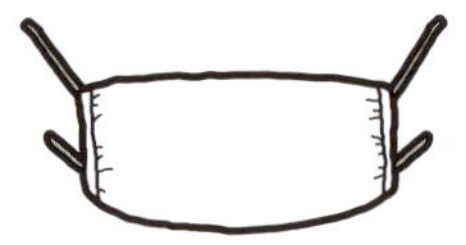   

붙임 딱지 　비옷, 우산, 장화

21쪽에 사용하세요.

 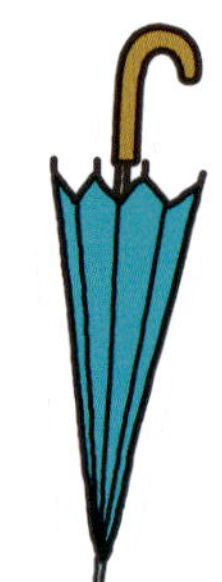 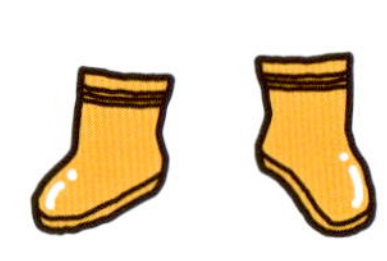  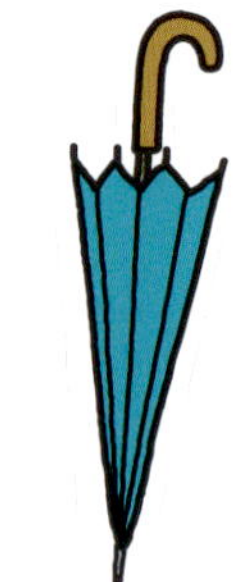 

붙임 딱지 　조끼, 등산화

22쪽에 사용하세요.

 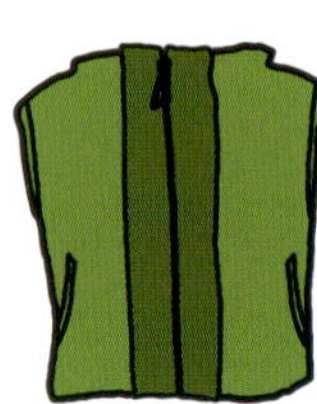 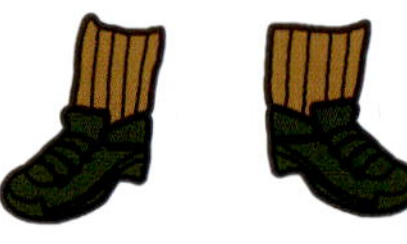  

붙임 딱지 　옷장

28쪽에 사용하세요.

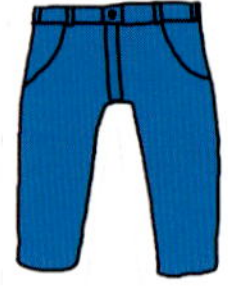
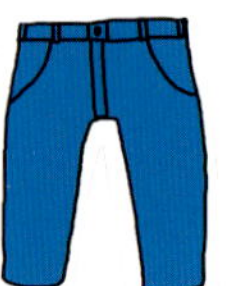

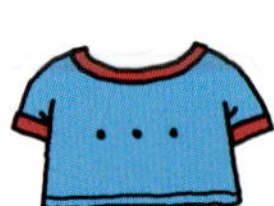

함께 읽는 글

행복은 가까운 곳에

행복은 현재와 연결되어 있다.
목적지에 닿아야 비로소 행복해지는 것이 아니라
여행하는 과정에서 행복을 느끼기 때문이다.

앤드류 매튜스 (Andrew Matthews)

우리가 느끼는 행복이나 만족은 꼭 좋은 결과에만 달려 있는 것이 아니랍니다.
원하는 결과를 얻기 위해 한 단계씩 나아가며 노력하는 과정 그 자체를 즐겨 보세요.
행복은 열심히 노력하는 지금 이 순간에 있답니다.

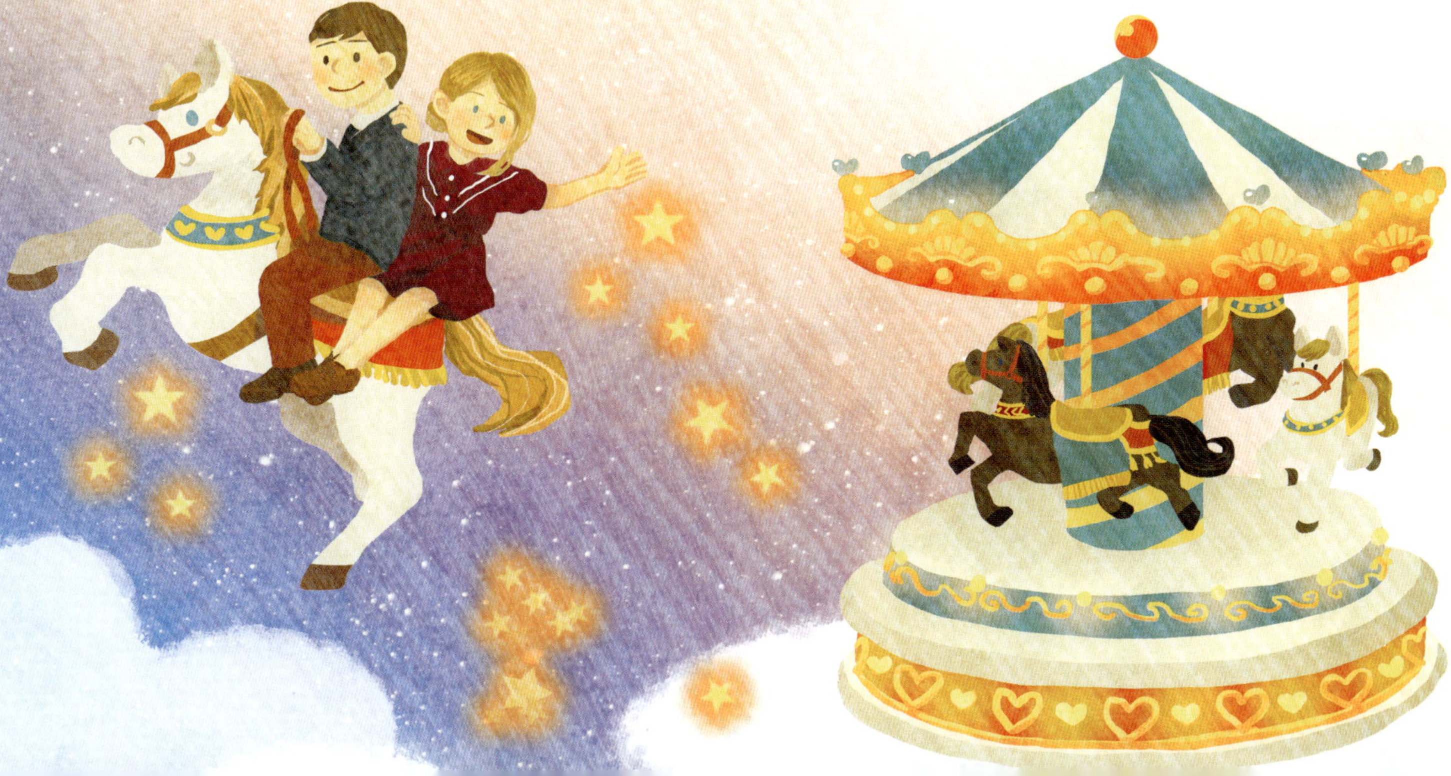

창의력 수학
노크
A 단계

창의력 수학 노크

Knock! Knock!

학부모 가이드

날씨로 배우는 수학

A3

천재교육

학부모 가이드

우리 아이의
수학적 잠재력을 깨워주는 **창의력 수학**

노크

A3

Ⅰ 패션 디자이너

일상생활에서는 경우를 따져 보고, 선택을 해야 하는 일이 많습니다. 이 단원에서는 직접 옷과 소품을 배열해 보면서 경우의 수를 학습하는 데 기초가 될 수 있는 내용으로 구성하였습니다.

1 표를 이용하여 두 종류의 물건을 서로 다르게 선택하는 방법을 찾게 합니다.
2 조건에 맞게 선으로 연결하여 서로 다르게 선택하는 방법을 찾게 합니다.
3 위치를 옮기며 서로 다르게 배열하는 방법을 찾게 합니다.
4 같은 용품의 중복 선택이 가능할 때, 서로 다르게 배열하는 방법을 찾게 합니다.

계절과 유행에 따라 옷감과 디자인을 다르게 선택하여 옷을 만드는 패션 디자이너에 대한 이야기입니다. 계절에 따라 옷, 단추, 장식품 등이 어떻게 변하는지 이야기해 봅니다.

14 · 15

여름은 덥고, 겨울은 춥다는 특징을 알고 알맞게 물건을 배치합니다. 주어진 물건 외에 더 필요한 것은 없는지 이야기해 봅니다.

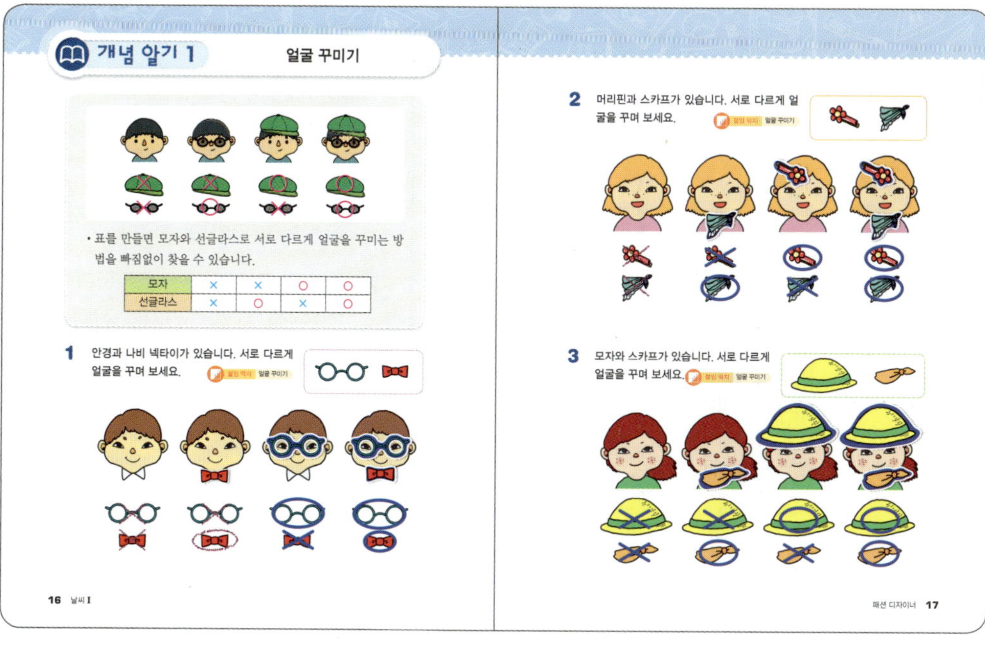

16 · 17

표를 만들어 서로 다르게 얼굴을 꾸미는 방법을 찾습니다.

1 안경과 나비 넥타이에 ◯, ✕표 하며 서로 다른 방법을 찾습니다. 중복되지 않는지 확인한 후, 붙임 딱지를 붙여야 합니다.

2 머리핀과 스카프에 ◯, ✕표 하며 서로 다른 방법을 찾습니다. 중복되지 않았는지 확인한 후, 붙임 딱지를 붙여야 합니다.

3 모자와 스카프에 ◯, ✕표 하며 서로 다른 방법을 찾습니다. 중복되지 않았는지 확인한 후, 붙임 딱지를 붙여야 합니다.

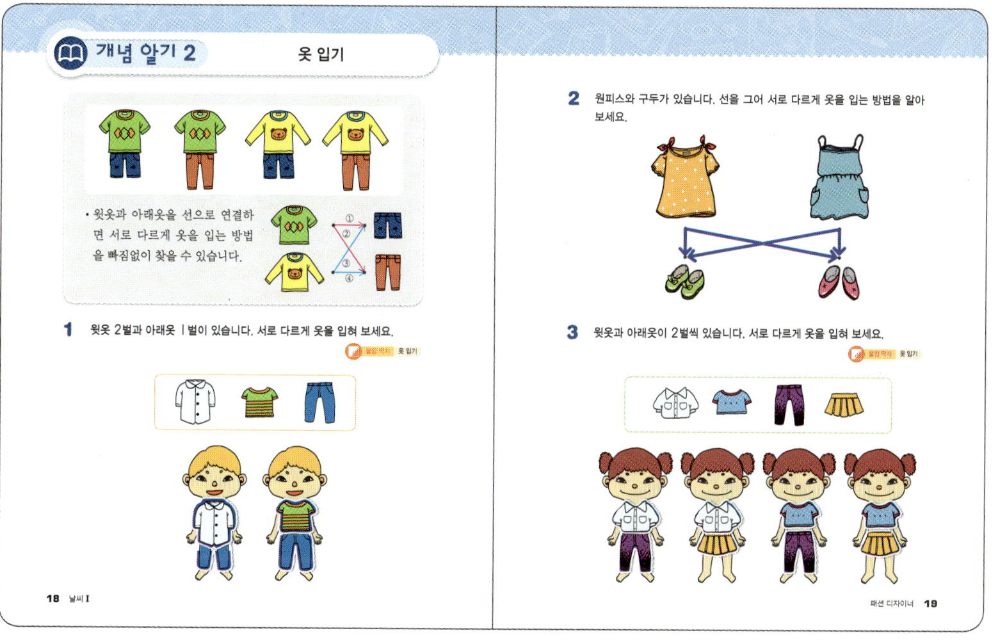

18 · 19

선을 그어 서로 다르게 옷을 입는 방법을 찾습니다.

1 아래옷은 1벌만 있으므로 아래옷에 윗옷을 갈아입혀 봅니다.

2 원피스와 구두를 선으로 연결합니다. 원피스와 원피스, 구두와 구두를 연결하지 않도록 주의합니다.

3 윗옷과 아래옷은 항상 하나씩 함께 입어야 한다는 것에 주의하여 옷을 입힙니다. 중복되지 않았는지 확인한 후, 붙임 딱지를 붙여야 합니다.

20 · 21

1 2가지 모두 사용하지 않는 경우, 1가지만 사용하는 경우, 2가지 모두 사용하는 경우가 있습니다.

2 3가지 중 2가지만 사용하여 꾸미는 것은 3가지 중 1가지를 선택하지 않는 것과 같습니다.

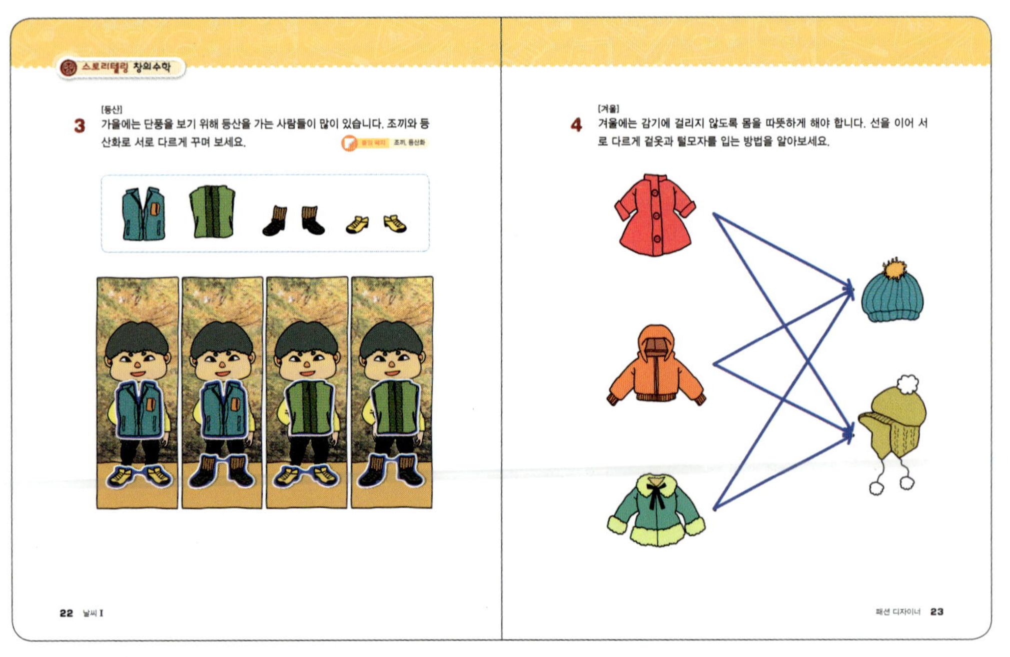

22 · 23

3 조끼와 신발은 항상 하나씩 함께 입고 신어야 합니다. 중복되지 않았는지 확인한 후, 붙임 딱지를 붙여야 합니다.

4 겉옷 3개와 모자 2개를 선으로 연결하여 다르게 입는 방법을 찾습니다. 같은 종류의 의류에는 선을 연결하지 않도록 주의합니다.

24 · 25

모자 2개, 윗옷 2벌, 아래옷 2벌이 있습니다. 각각 하나씩 선택하여 서로 다르게 옷을 입는 방법을 알아봅니다.

26 · 27

계절에 따라 변하는 것과 변하지 않는 것을 찾습니다. 변하는 것이 있다면 어떻게 변하였는지 이야기해 봅니다.

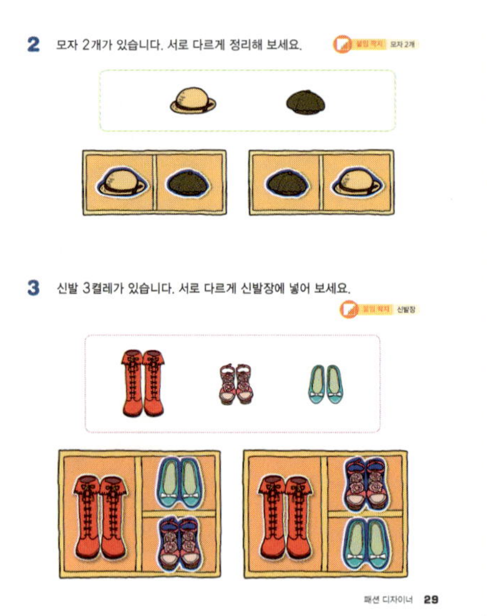

개념 알기 3 — 배열하기

• 빨간색 옷을 왼쪽 또는 오른쪽 마네킹에 입힐 수 있습니다.
• 옷 2벌을 배열하는 방법은 2가지입니다.

1 원피스 2벌이 있습니다. 서로 다르게 옷걸이에 걸어 보세요.

2 모자 2개가 있습니다. 서로 다르게 정리해 보세요.

3 신발 3켤레가 있습니다. 서로 다르게 신발장에 넣어 보세요.

28 · 29

위치를 바꾸어 서로 다르게 옷을 배열하는 방법을 찾습니다.

1 옷 2벌을 배열할 수 있는 위치가 왼쪽, 오른쪽이 있을 때, 서로 다르게 배열하는 방법을 찾습니다.

2 모자 2개를 서로 다르게 배열하는 방법을 찾습니다.

3 배열할 수 있는 위치가 위, 아래가 있을 때, 서로 다르게 배열하는 방법을 찾습니다. 신발의 크기를 확인하면 작은 신발만 위치가 바뀐다는 것을 알 수 있습니다.

개념 알기 4 — 선택하여 배열하기

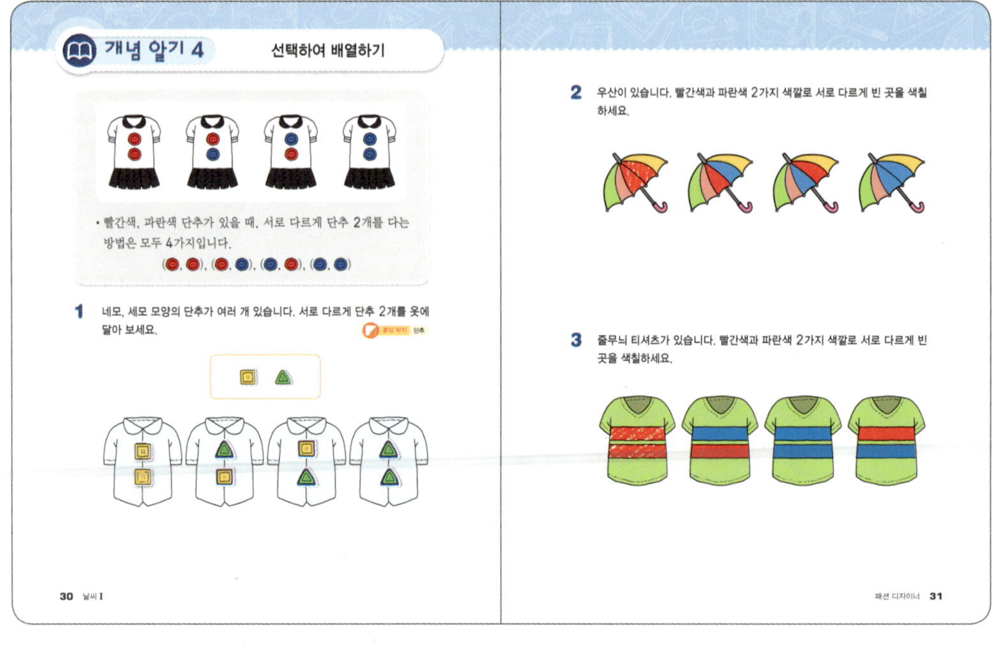

• 빨간색, 파란색 단추가 있을 때, 서로 다르게 단추 2개를 다는 방법은 모두 4가지입니다.

1 네모, 세모 모양의 단추가 여러 개 있습니다. 서로 다르게 단추 2개를 옷에 달아 보세요.

2 우산이 있습니다. 빨간색과 파란색 2가지 색깔로 서로 다르게 빈 곳을 색칠하세요.

3 줄무늬 티셔츠가 있습니다. 빨간색과 파란색 2가지 색깔로 서로 다르게 빈 곳을 색칠하세요.

30 · 31

같은 것을 선택해도 되는 상황에서 서로 다르게 배열하는 방법을 찾습니다.

1 같은 모양의 단추를 여러 개 달 수 있을 때, 서로 다르게 단추를 다는 방법을 찾습니다.

2 같은 색을 여러 번 색칠할 수 있을 때, 서로 다르게 우산을 꾸미는 방법을 찾습니다.

3 같은 색을 여러 번 색칠할 수 있을 때, 서로 다르게 옷을 꾸미는 방법을 찾습니다.

1 신발의 크기를 확인하여 큰 신발은 큰 신발끼리, 작은 신발은 작은 신발끼리 위치를 바꾸며 신발장에 배열합니다.

2 세 가지 모자 중 하나를 진열장의 가장 왼쪽에 놓은 후, 다른 두 개의 모자의 위치를 바꾸어가며 진열합니다.

3 초록색과 갈색의 겉옷 2개와 스카프 2개를 각각 그려 놓은 다음, 선으로 연결하여 입는 방법을 찾아도 좋습니다.

4 가장 위쪽의 단추 색을 파란색으로 정한 다음 아래 2개의 단추를 서로 다르게 색칠하고, 같은 방법으로 위쪽 단추 색을 노란색으로 바꾸면 8가지를 모두 찾을 수 있습니다. 6세 아이들에게는 규칙보다는 감각적으로 찾을 수 있게 합니다.

Ⅱ 전자제품 개발자

❈ 단원소개

봄부터 겨울까지 일상생활에서 편리하게 사용하는 전자제품의 종류는 다양합니다. 전자제품의 종류, 전자제품을 사용하는 계절, 장소, 용도를 알아보고, 기준에 따라 분류할 수 있도록 구성하였습니다.

❈ 학습목표

1 전자제품의 특징을 알고, 상황에 알맞은 전자제품을 찾을 수 있게 합니다.
2 기능을 더하고 빼서 만들어진 전자제품의 특징을 찾을 수 있게 합니다.
3 분류의 뜻을 알고, 전자제품을 사용하는 용도, 장소에 따라 분류하게 합니다.
4 전자제품을 모양, 크기, 색깔에 따라 분류하게 합니다.

❈ 스토리 동기유발

제품들의 장점을 합쳐 개발한 전자제품은 무엇인지, 어떤 기능이 있는지 소개하는 이야기입니다. 가정에서 사용하는 전자제품을 관찰하여 특징과 용도를 이야기해 봅니다.

44 · 45

전자제품을 관찰하여 기능과 특징을 찾습니다. 전기 난로와 전기 모기채는 이미 사용하던 제품의 장점을 이용하여 새로운 기능을 더해 만들어진 전자제품입니다. 언제, 어디서, 어떻게 사용하는지 이야기해 보고, 이 제품이 겨울과 여름에 필요한 이유를 날씨와 관련지어 이야기해 봅니다.

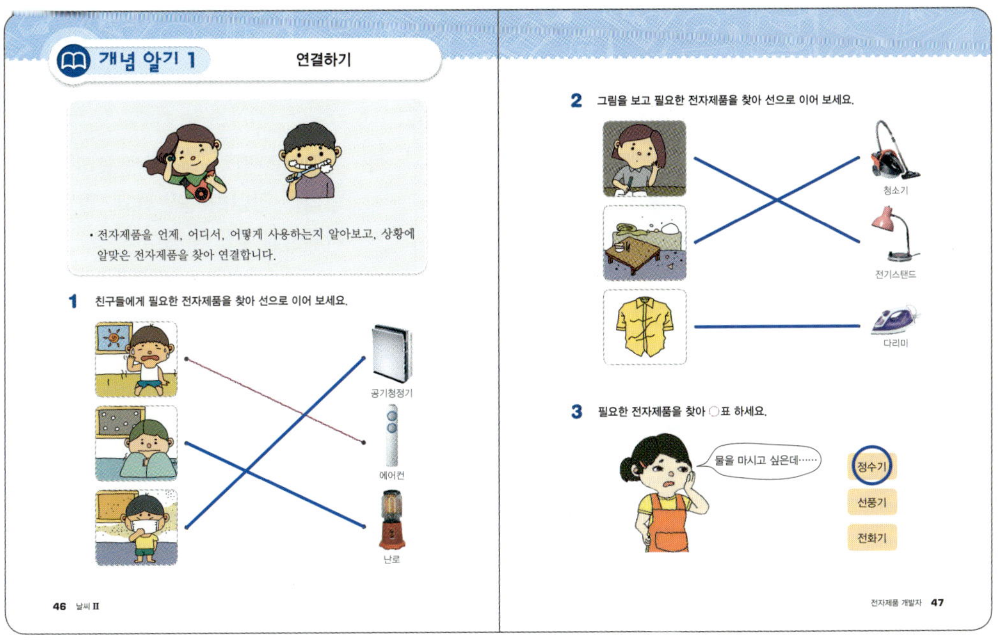

46 · 47

전자제품의 용도를 알고, 제품을 사용하는 알맞은 상황과 장소를 찾습니다.

1 공기청정기, 에어컨, 난로의 용도를 이야기한 후 알맞은 날씨와 계절을 찾아 연결합니다.

2 청소기, 전기스탠드, 다리미의 용도를 이야기한 후 알맞은 장소와 상황을 찾아 연결합니다.

3 어른이 하는 말을 보고 필요한 전자제품을 찾아 ○표 합니다.

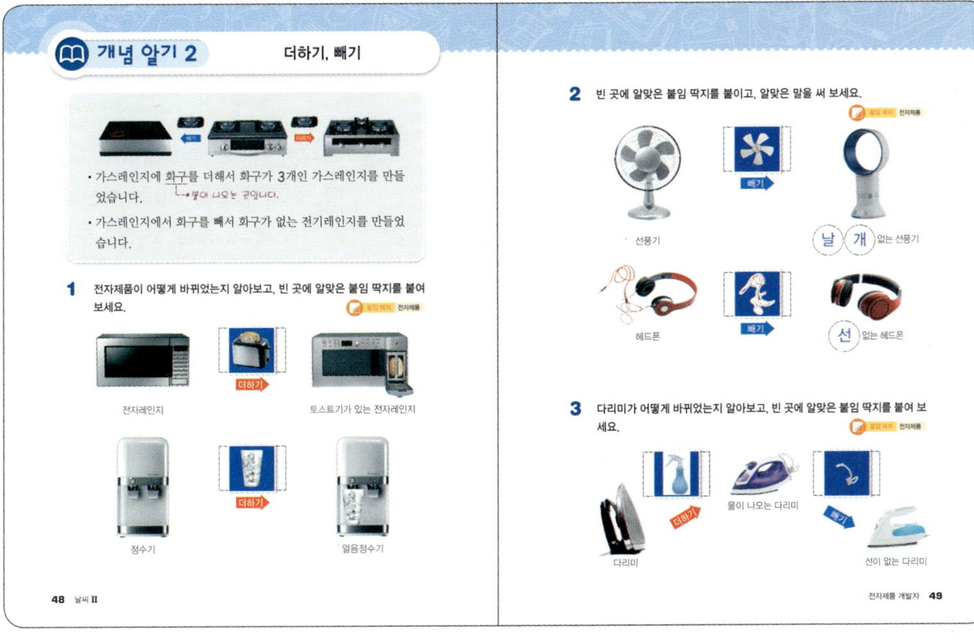

48 · 49

전자제품의 기능을 더하거나 빼서 만든 새로운 제품의 특징을 찾습니다.

1 기존 전자제품과 기능을 더해서 만든 전자제품을 관찰하여 달라진 점을 찾아 더해진 기능을 찾습니다.

2 기존 전자제품과 기능을 빼서 만든 전자제품을 관찰하여 달라진 점을 찾아 빠진 기능을 찾습니다.

3 기존 제품에서 더하거나 뺀 기능을 찾습니다. 기능을 더하거나 빼서 어떤 점이 좋아졌는지에 대해서도 이야기해 봅니다.

50 · 51

1 녹즙, 밥, 김치, 빵, 생선 요리를 하는 방법을 간단히 설명하고, 필요한 전자제품을 찾도록 합니다.

2 가족이 처한 상황을 이야기한 다음 필요한 전자제품을 찾는다면 쉽게 해결할 수 있습니다.

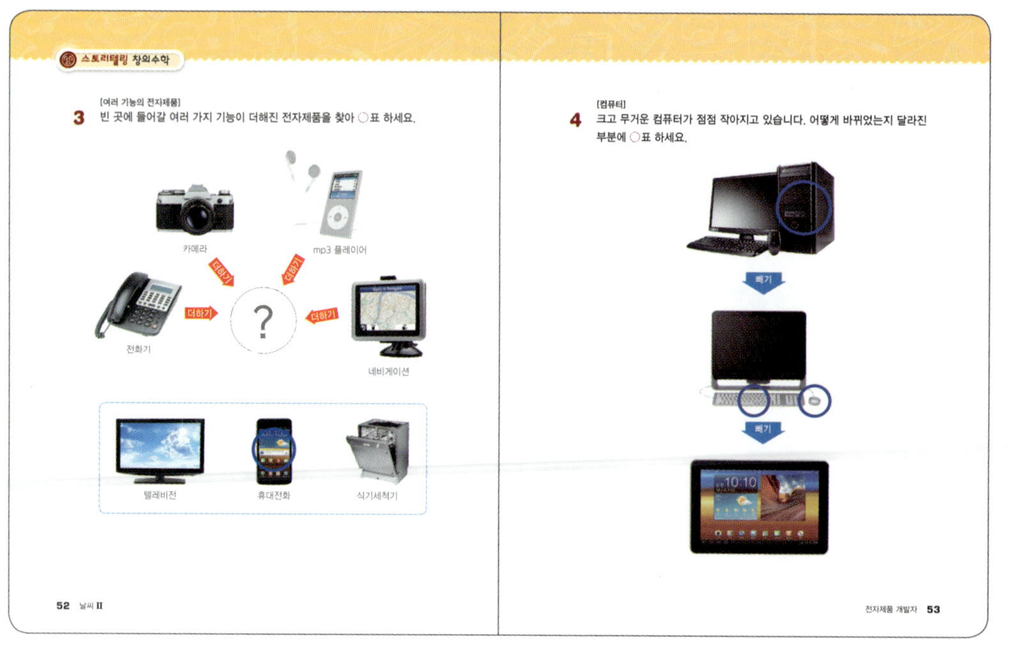

52 · 53

3 더해진 기능의 특징을 이야기해 봅니다. 전화 통화를 하고, 사진을 찍고, 음악을 듣고, 길을 안내해 주는 기능이 모두 있는 전자제품은 휴대전화입니다.

4 기존 전자제품과 기능을 빼서 만든 전자제품을 관찰하여 달라진 부품을 찾고, 바뀌어서 좋은 점에 대해 이야기해 봅니다.

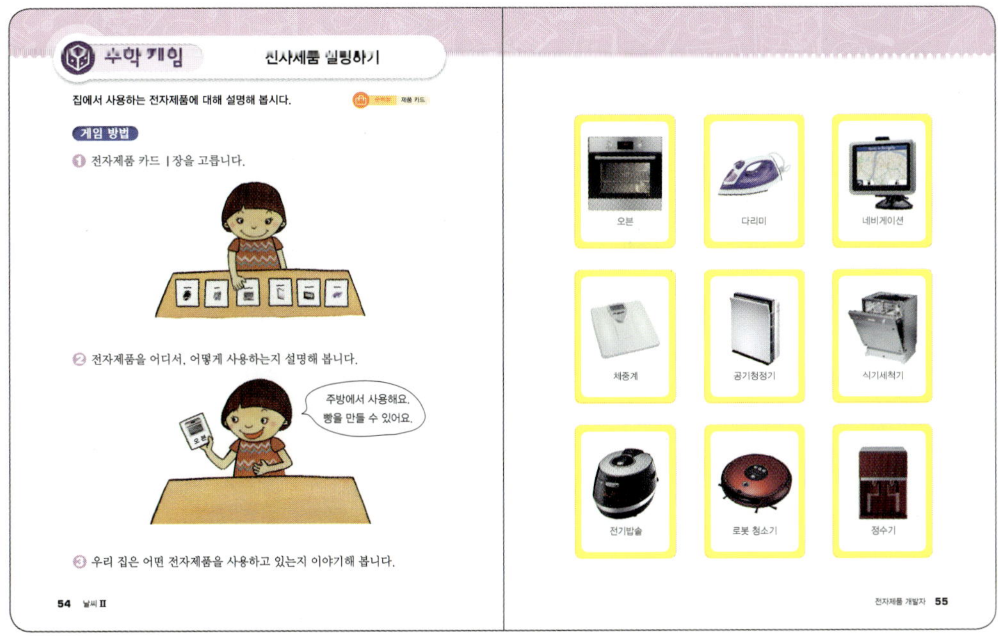

54 · 55

전자제품을 사용하는 장소와 사용 방법을 설명하고, 같은 장소에서 사용하는 전자제품을 모아 봅니다. 우리 집에 있는 전자제품을 관찰하여 더하고 빠진 기능은 없는지에 대해서도 이야기해 봅니다.

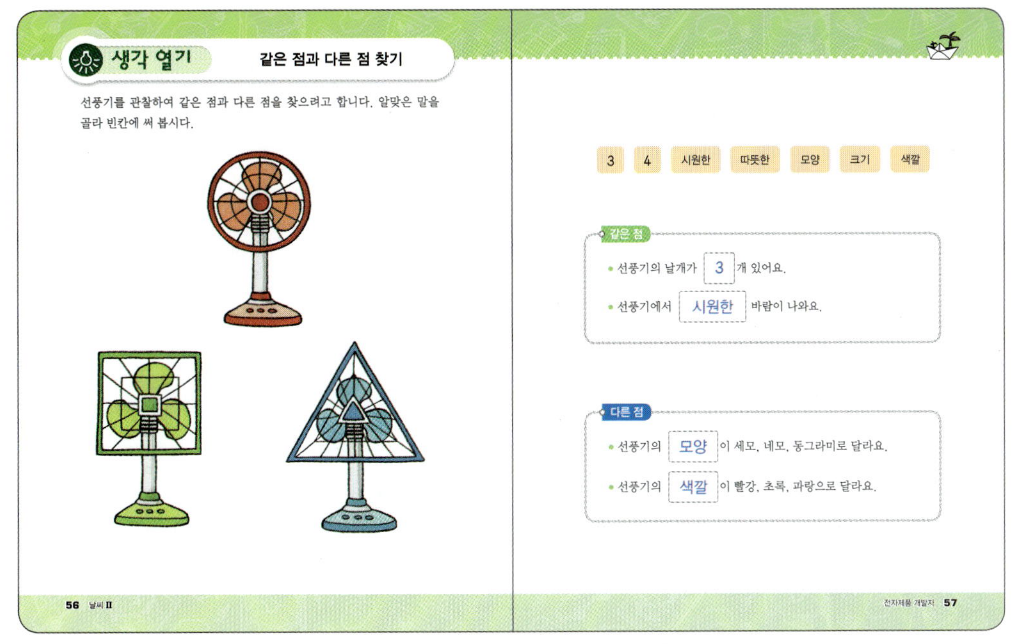

56 · 57

사용하는 장소, 방법, 계절, 생긴 모양, 색깔, 크기 등을 자세히 관찰하여 세 선풍기의 같은 점과 다른 점을 찾습니다. 빈칸을 채우며 알아낸 사실 외에 더 알아낸 사실은 없는지 이야기해 봅니다.

개념 알기 3　　분류하기 (1)

58 · 59

분류의 뜻을 알고, 전자제품을 사용하는 장소와 용도에 따라 분류합니다.

1 전자제품의 용도를 이야기해 보면 쉽게 찾을 수 있습니다. 계절에 따라 나누는 것이 아님에 주의합니다.

2 전자제품의 용도를 이야기해 봅니다. 주방에서 사용하는 것을 먼저 찾은 다음, 남아 있는 제품이 주방에서 사용하는 것인지 아닌지 확인한 후 답을 씁니다.

3 전자제품들의 공통적인 용도를 찾아 어떤 것과 관련하여 사용되는지 이야기해 봅니다.

개념 알기 4　　분류하기 (2)

60 · 61

전자제품을 모양과 크기, 색깔 등 특징에 따라 분류합니다.

1 주어진 전자제품을 모양에 따라 분류합니다. 주변에서 네모난 것과 동그란 것을 보여준 다음 찾게 해도 좋습니다.

2 주어진 전자제품을 색깔에 따라 분류합니다.

3 주어진 전자제품들의 실제 모습을 보고 자신의 키와 비교하여 분류하도록 합니다.

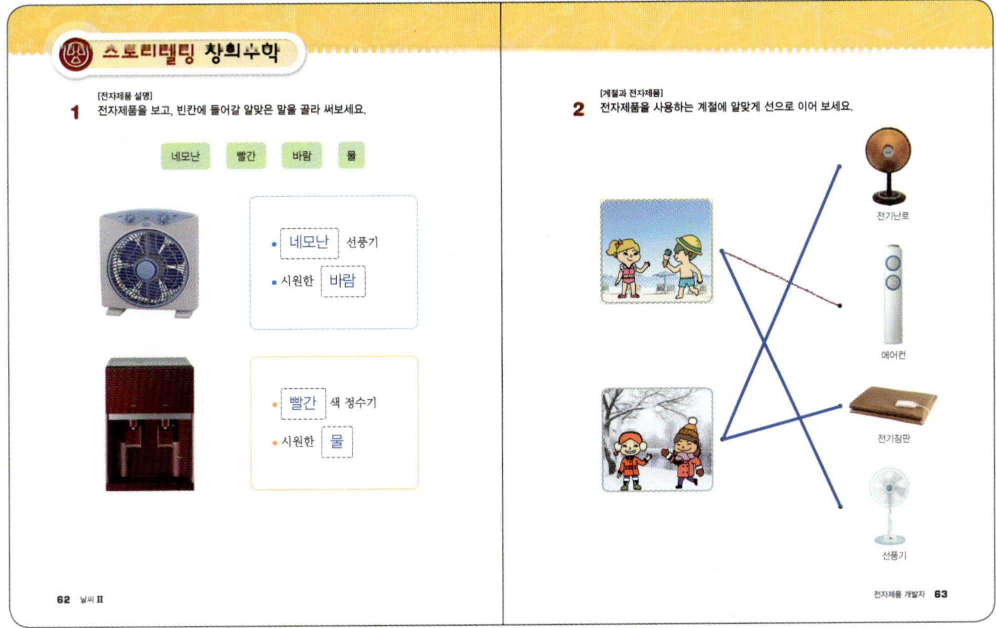

62 · 63

1 특징에 맞는 말을 고르게 한 후, 고른 말을 빈칸에 넣어 어울리는지 확인합니다.

2 전자제품을 사용하는 용도를 이야기해 본 후, 알맞은 계절과 연결합니다. 시원하게 하는 것과 따뜻하게 하는 것을 분류한 다음 계절과 연결하여도 좋습니다.

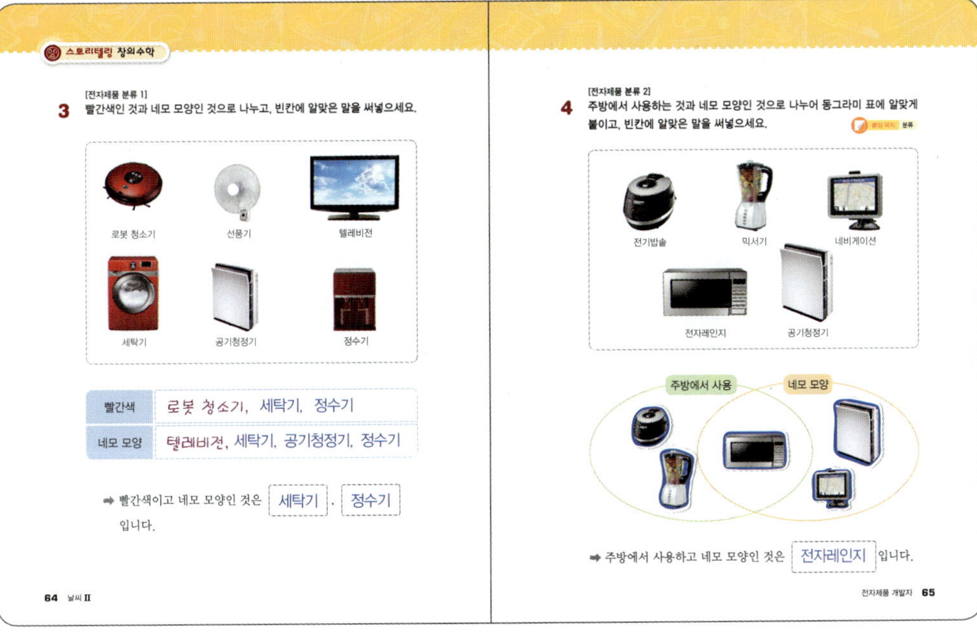

64 · 65

3 빨간색인 전자제품을 먼저 고른 다음, 네모 모양인 전자제품을 고릅니다. 중복해서 고를 수 있도록 합니다. 두 조건을 모두 만족하는 전자제품을 찾습니다.

4 주방에서 사용하는 것은 ○표, 네모 모양인 것은 △표 한 다음 전자레인지는 주방칸과 네모칸 사이에 붙여야 하는 것에 주의하며 붙임 딱지를 붙입니다.

Ⅲ 곤충학자

시간의 흐름이나 앞뒤 상황을 생각하여 순서대로 나열하고, 사물을 관찰하여 특징이 다른 하나를 찾고, 둘 사이의 관계를 이해해 알맞은 그림 또는 낱말을 찾는 문제를 통해 수학적 사고력의 기본이 되는 연역적 사고력을 기를 수 있도록 구성하였습니다.

1 일이 일어나는 순서를 알고, 순서대로 나열하게 합니다.
2 끝말잇기의 규칙을 알고, 끝 글자와 첫 글자가 같도록 끝말잇기를 하게 합니다.
3 그림을 관찰하여 특징이 다른 하나를 찾을 수 있게 합니다.
4 그림이나 낱말 사이의 관계를 파악하여 빈 곳에 알맞은 것을 찾을 수 있게 합니다.

계절에 따라 보이는 곤충들과 몸 색깔이 변하는 메뚜기에 대해 설명한 이야기입니다. 계절의 특징과 봄, 여름, 가을, 겨울에 관찰한 곤충에 대하여 이야기해 봅니다.

74 · 75

개미와 베짱이 이야기를 읽고, 그림의 순서를 나타냅니다. 봄, 여름, 가을, 겨울의 순서와 각 계절별 특징을 이야기해 본 후 순서에 맞게 그림에 나타냅니다.

개념 알기 1 　순서대로 나열하기

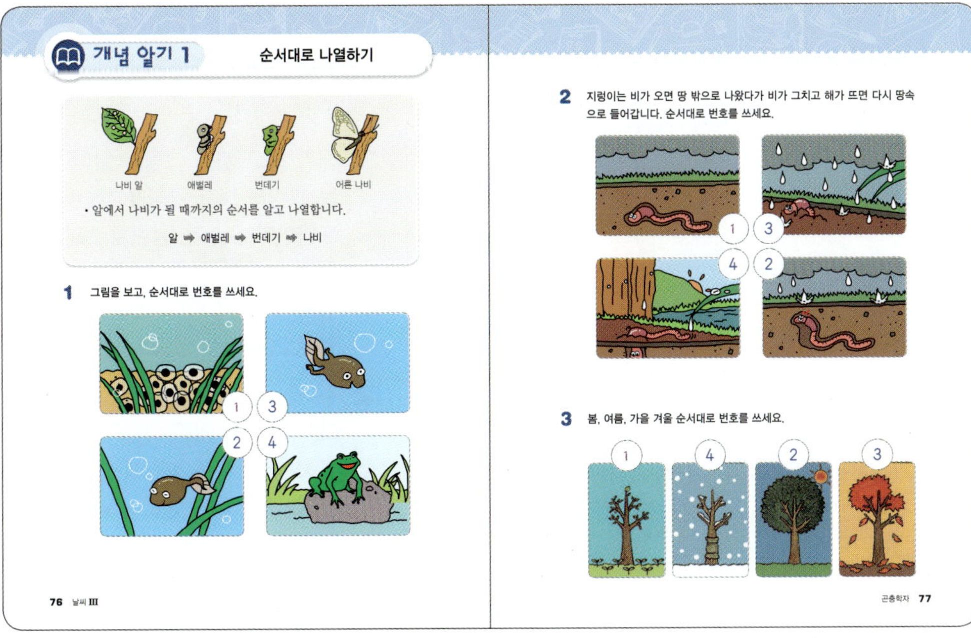

76 ● 77

곤충의 한살이와 계절의 변화를 알고 순서를 나열합니다.

1 알에서 개구리가 된다는 것은 알지만 중간 단계인 올챙이의 순서를 모른다면, 다리가 있고 없고의 차이로 둘 사이의 순서를 찾을 수 있도록 도와줍니다.

2 지렁이는 피부로 숨을 쉬기 때문에 비가 오면 땅에 물이 차 밖으로 나오고, 비가 그치면 햇빛에 몸이 마르지 않도록 다시 땅속으로 들어갑니다.

3 사계절이 오는 순서와 특징을 이용하여 순서를 나열합니다.

개념 알기 2 　끝말잇기

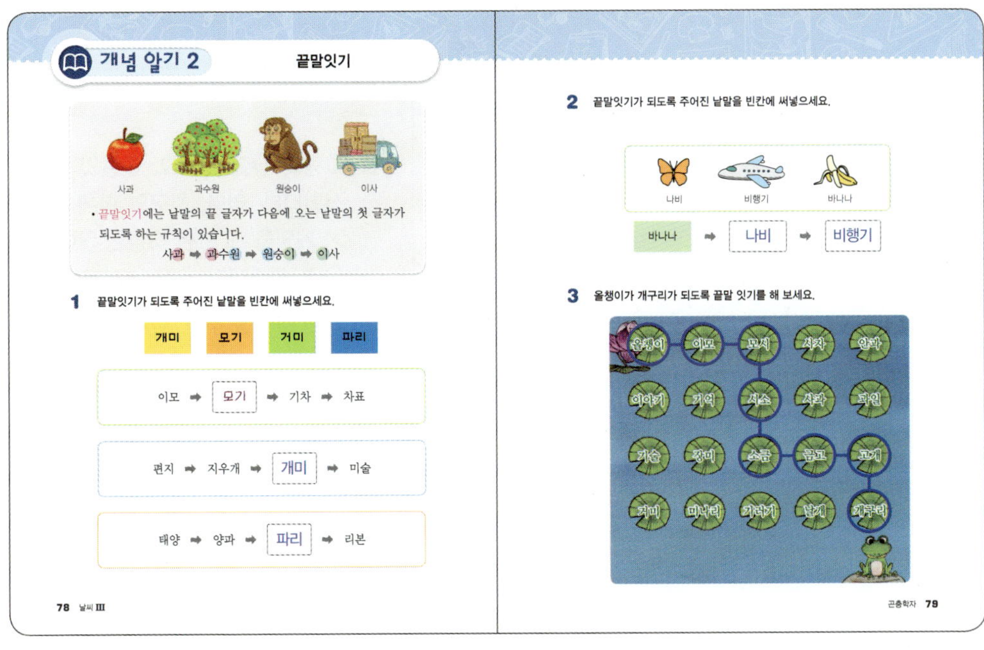

78 ● 79

끝말잇기의 규칙을 알고, 다음에 이어지는 낱말을 찾습니다.

1 낱말이 이어지는 규칙을 찾아 빈칸에 올 수 있는 단어를 찾습니다. 빈칸의 앞에 있는 단어의 끝 글자와 뒤에 있는 단어의 첫 글자를 차례로 쓰면 알맞은 단어를 찾을 수 있습니다.

2 세 단어를 끝말잇기의 규칙에 맞게 나열합니다. 앞 단어의 끝 글자가 다음 단어의 앞 글자가 되도록 합니다.

3 끝말잇기의 규칙에 맞게 올챙이에서 개구리가 되도록 낱말을 연결합니다. 아이가 어려워하는 단어가 있다면 간단히 설명해 줍니다.

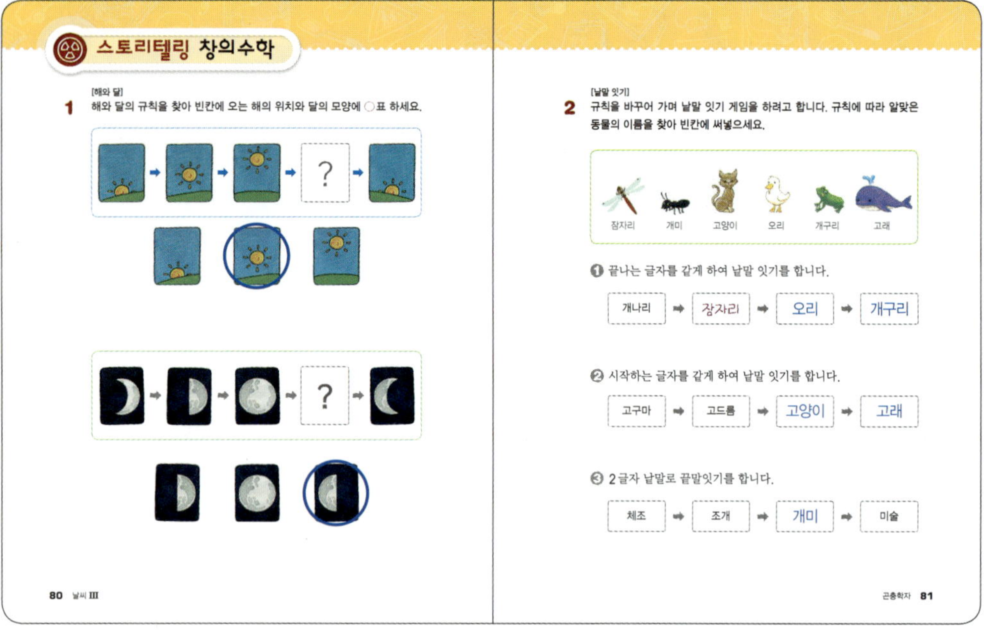

80 · 81

1 해가 뜨고 지는 그림과 달이 변화하는 그림을 보고 규칙을 찾습니다. 달 모양마다 초승달, 상현달, 보름달, 하현달, 그믐달 이름이 있습니다. 알려 줘도 좋지만 아이가 어려워한다면 모양으로만 풀 수 있도록 합니다.

2 주어진 규칙에 알맞은 낱말을 찾습니다. 주어지지 않은 다른 낱말을 찾도록 하면 어휘력 향상에 도움이 됩니다. 다른 규칙을 정하여 낱말 잇기를 해 보는 것도 좋습니다.

82 · 83

3 그림과 낱말을 보고, 끝말잇기를 완성합니다. 엄마, 친구와 함께 끝말잇기 게임을 해 보면 다양한 단어를 배울 수 있습니다.

4 수의 나열을 보고, 규칙을 찾아 빈칸에 알맞은 수를 씁니다. 아이에게 두 자리 수에 관한 설명을 하기보다 두 개의 수 중 뒤의 숫자는 똑같고 앞의 숫자는 변화하는 규칙을 찾도록 지도합니다.

사진을 보고, 어울리는 그림을 그립니다. 계절과 장소에 어울리는 것과 빈 곳의 모양을 이야기한 후, 그려 넣습니다. 완성한 그림을 보고 상황을 꾸며 이야기해 봅니다.

계절에 어울리는 식물, 동물에 대해 알아본 다음 주어진 그림은 어떤 계절인지, 어울리지 않는 것은 무엇인지 이야기해 봅니다. 해가 쨍쨍한 봄, 여름 그림에는 앙상한 나무, 눈 덮힌 나무 기둥, 겨울잠 자는 개구리는 어울리지 않습니다. 눈이 오는 겨울 그림에는 화사한 꽃, 여름 피서용 파라솔은 어울리지 않습니다.

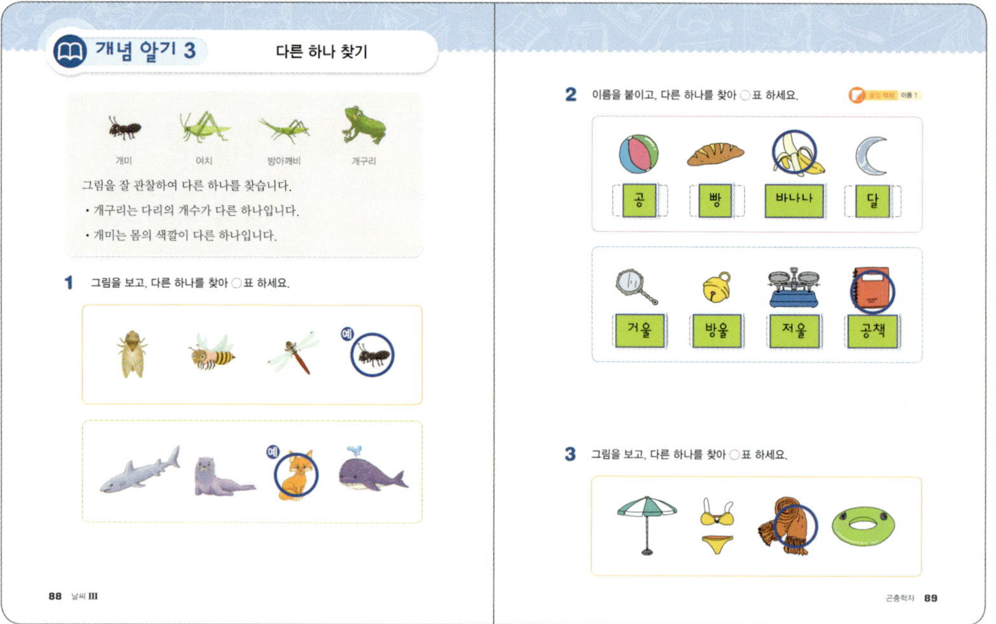

88 · 89

그림을 관찰하여 생김새, 색깔, 이름 등 특징이 다른 하나를 찾습니다.

1 생김새나 사는 곳 등을 구분하여 다른 하나를 찾습니다. 개미는 날개가 없고 여우는 땅에서 삽니다.

2 이름을 보고 다른 하나를 찾습니다. 바나나는 세 글자로 된 단어, 공책은 글자 '울'이 없는 단어입니다.

3 주어진 물건들이 쓰이는 계절을 구분하여 다른 하나를 찾습니다. 파라솔, 수영복, 튜브는 모두 여름에 사용되지만 목도리는 겨울에 사용합니다.

90 · 91

둘 사이의 관계를 찾아 빈 곳에 들어갈 그림을 예상합니다.

1 병아리와 닭은 새끼와 어미 관계입니다. 올챙이와 개구리, 애벌레와 나비가 같은 관계입니다.

2 비가 오는 날에는 비를 가릴 우산이 필요하고, 해가 내리쬐는 날에는 햇빛을 가릴 모자가 필요합니다.

3 여름에는 바다에서 수영을 하고 겨울에는 썰매를 탑니다.

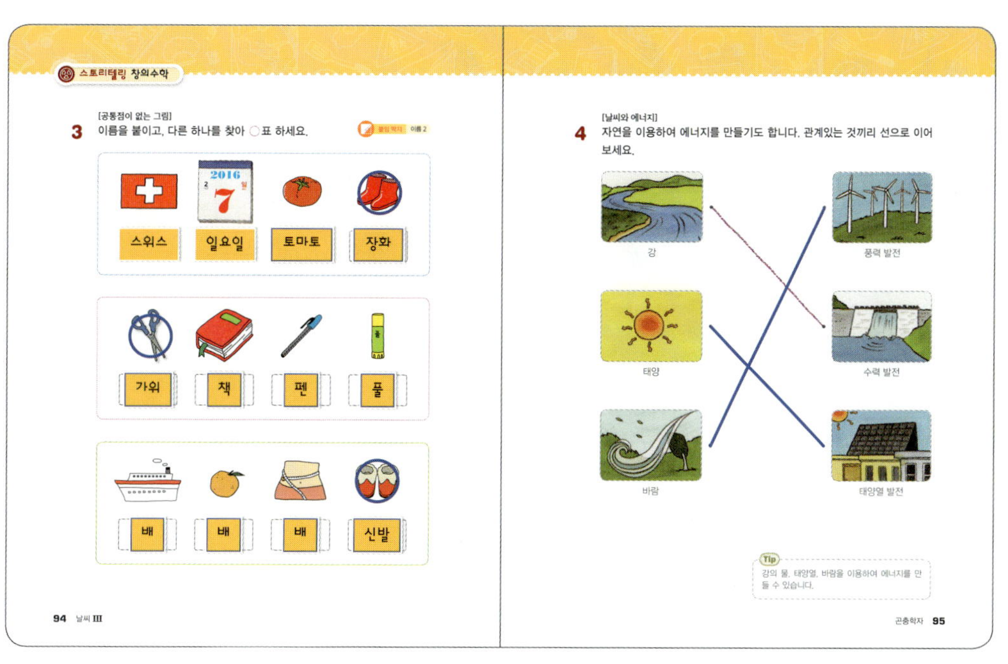

92 · 93

1 네 마리의 동물을 관찰하여 특징이 다른 하나를 찾습니다. 아이가 어려워한다면 아래에 있는 문장을 읽어 다리, 무늬, 색깔을 관찰한 다음 찾게 합니다.

2 먼저 왼쪽 두 그림의 관계를 찾습니다. 기온이 낮으면 눈이 오고, 높으면 비가 옵니다. 마찬가지로 온도가 낮으면 얼음이 되고, 온도가 높으면 물이 됩니다. 또한, 하늘에는 비행기가 다니고, 바다에는 배가 다닙니다.

94 · 95

3 그림에 알맞은 이름을 붙인 다음 특징이 다른 하나를 찾습니다. 앞으로 읽으나 뒤로 읽으나 같은 이름을 가진 물건, 이름의 글자 수가 같은 물건, 이름이 배인 물건이라는 특징이 있습니다.

4 강에 댐을 건설해 수력에너지를 만들고, 태양으로 태양에너지, 바람으로 풍력에너지를 만들 수 있습니다.

Ⅳ 기상예보관

⊞ 단원소개

여러 가지 모양과 수를 같은 것끼리 분류하는 학습은 확률과 통계의 기초가 됩니다. 이 단원에서는 자료를 정리하여 표나 그래프로 나타내고, 표나 그래프가 원래의 자료보다 알아보기 쉽고, 비교하기 편리하다는 것을 알 수 있도록 구성하였습니다.

⊞ 학습목표

1 자료를 분류하고 정리하여 그림그래프로 나타낼 수 있게 합니다.
2 투표 결과를 정리하여 표로 나타낼 수 있게 합니다.
3 표를 보고 막대그래프로 나타낼 수 있게 합니다.
4 표를 보고 꺾은선그래프로 나타낼 수 있게 합니다.

⊞ 스토리 동기유발

기상예보관이 하는 일과 일기예보가 만들어지는 과정을 소개한 이야기입니다. 일기예보가 무엇인지, 본 기억이 있는지 등 날씨와 관련지어 이야기해 봅니다.

104 · 105

일기예보 기호를 보고 각각 어떤 날씨를 나타내는지 이야기해 봅니다. 4월은 무슨 계절인지 알아보고, 가장 많은 그림과 가장 적은 그림을 찾아 전체적인 날씨에 대해 이야기해 봅니다.

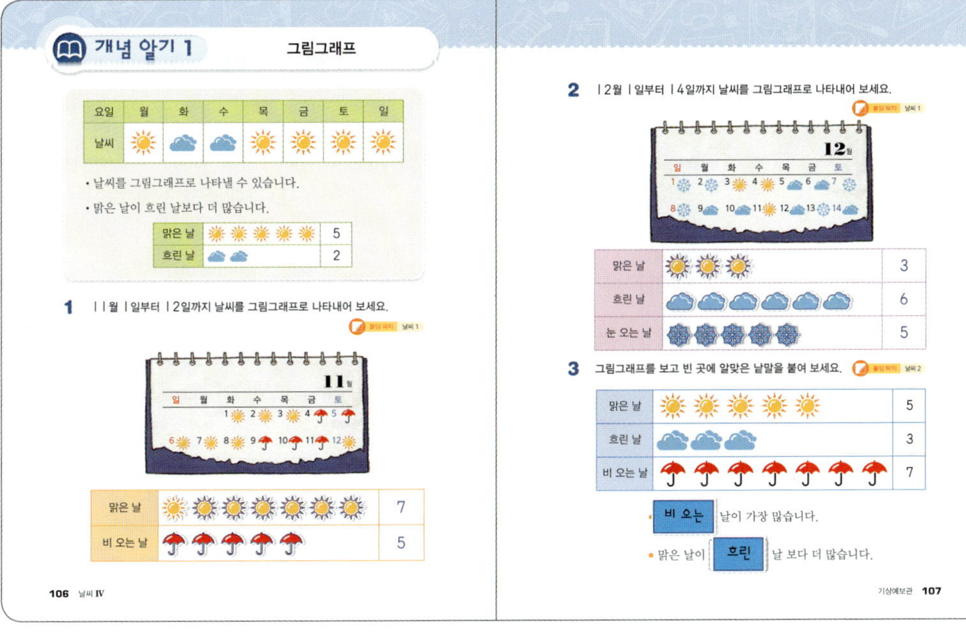

106 · 107

요일별 날씨를 나타낸 표를 보고, 그림그 래프로 나타냅니다.

1 달력을 보고 맑은 날과 비 오는 날로 나누고, 자료를 정리하여 그림그래프 로 나타냅니다.

2 달력을 보고 맑은 날, 흐린 날, 눈 오 는 날로 나누고, 자료를 정리하여 그 림그래프로 나타냅니다. 그림그래프 를 보고 가장 많은 날, 가장 적은 날 등을 이야기해 봐도 좋습니다.

3 그림그래프를 보고 가장 많은 날, 더 많은 날 등에 맞게 낱말 붙임딱지를 붙입니다.

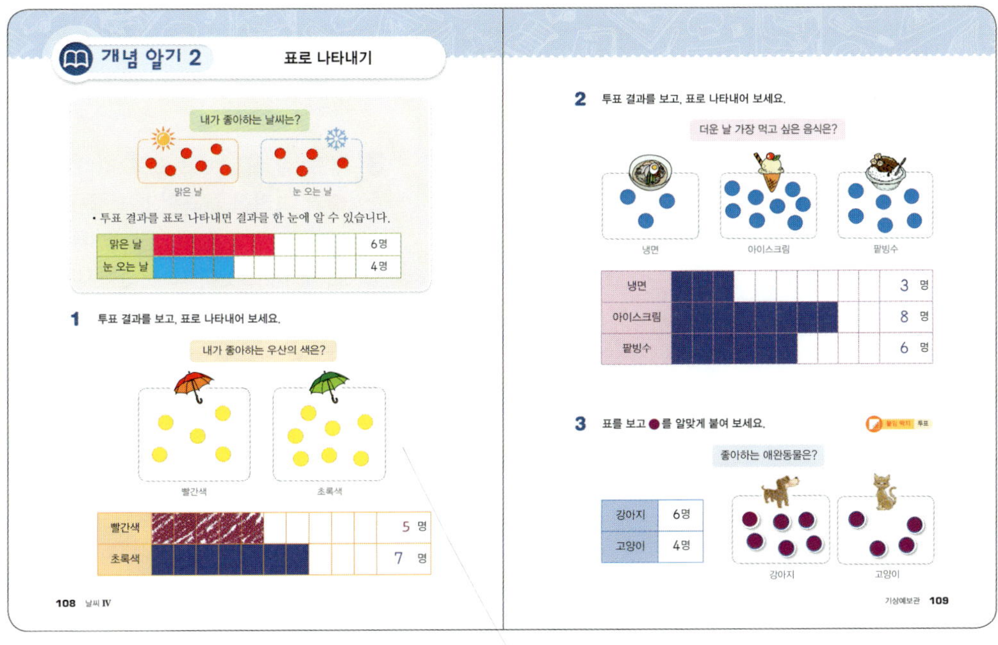

108 · 109

투표 결과를 표로 나타냅니다.

1 투표칸에 있는 ● 를 세어 그 개수만 큼 표의 칸을 색칠합니다. 표를 보고 투표 결과를 이야기해 봅니다.

2 투표 결과를 보고, ● 개수만큼 표의 칸을 색칠합니다. 표를 보고 투표 결 과를 이야기해 봅니다. 1위, 2위, 3위 순서로 말하거나 가장 많은 것, 가장 적은 것으로 말해도 좋습니다.

3 표를 보고 결과에 맞게 투표칸에 ● 를 붙여 봅니다.

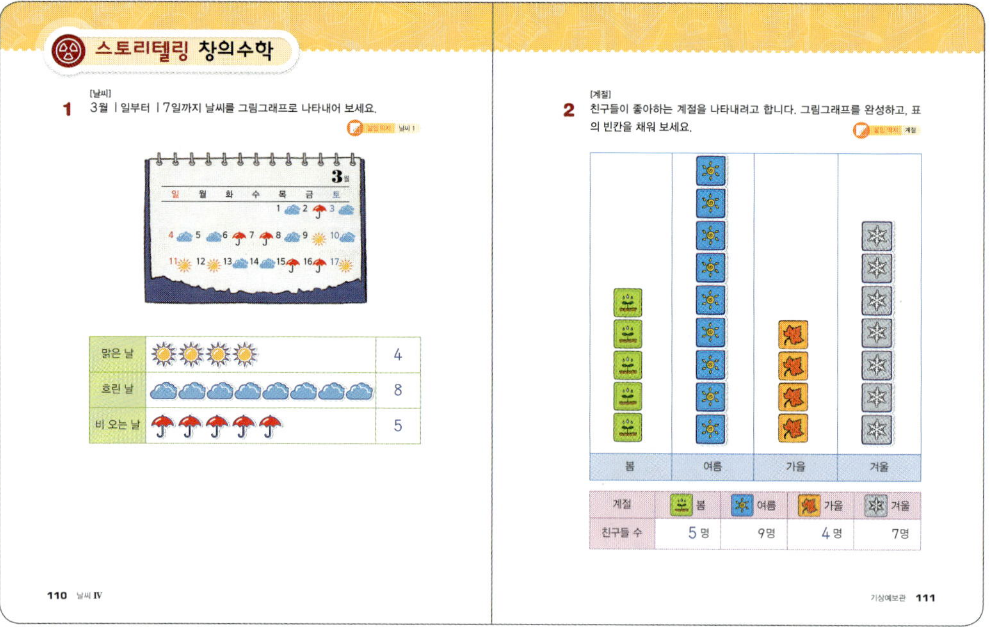

110 · 111

1 달력을 보고, 같은 그림끼리 분류하여 그림그래프로 나타냅니다. 17일 동안 가장 많이 나온 날씨와 가장 적게 나온 날씨를 이야기하는 것이 그림그래프를 해석하는 과정입니다.

2 그림그래프를 보고 표로 나타내고, 표를 보고 그림그래프로 나타냅니다. 자료를 정리하여 나타내는 방법을 알고, 표와 그래프를 보고 자료를 쉽게 이해할 수 있습니다.

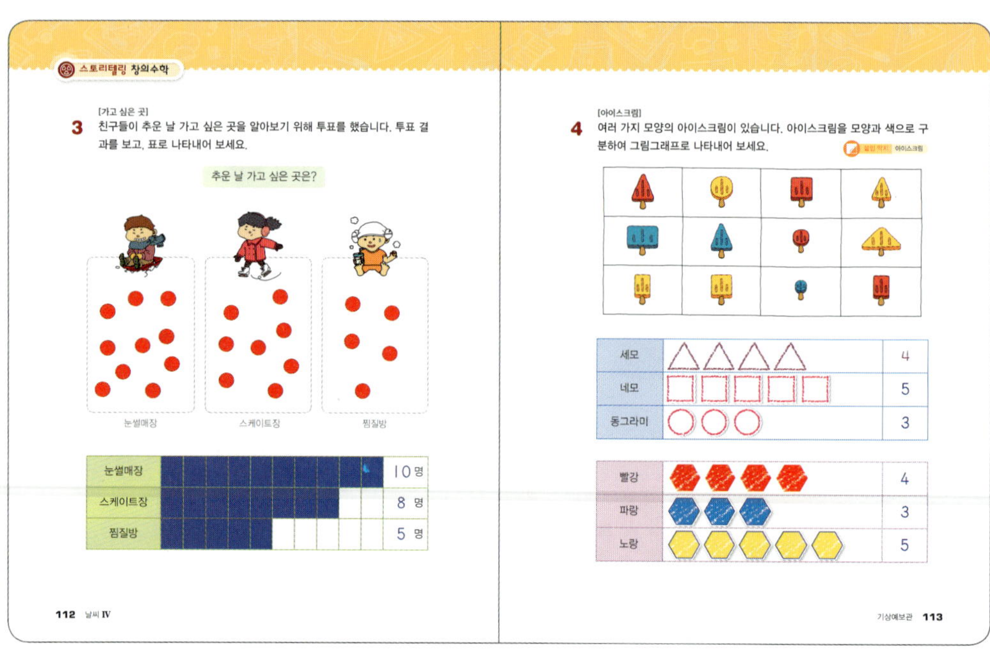

112 · 113

3 투표 결과를 보고 표로 나타냅니다. ●가 그려진 투표판과 표를 각각 보며 투표 결과를 해석한 후, 투표판과 표 중 어느 것이 더 편리한지 이야기해 봅니다.

4 기준을 다르게 하여 분류하는 활동입니다. 자료를 정리하여 그림그래프로 나타내면 어떤 점이 편리한지 이야기해 봅니다.

수학 게임 — 투표하기

가족들과 함께 좋아하는 음식을 알아보는 투표를 해 봅시다.

게임 방법

① 가족들과 주변 사람들에게 붙임 딱지를 3장씩 나누어 줍니다.

② 먹고 싶은 음식에 붙임 딱지를 붙입니다. 단, 좋아하는 간식을 투표할 때에는 3가지 중 2가지를 골라 붙입니다.

좋아하는 간식은?

피자 / 햄버거 / 치킨

③ 붙임 딱지의 수를 세어 가족들이 가장 좋아하는 음식을 알아봅니다.

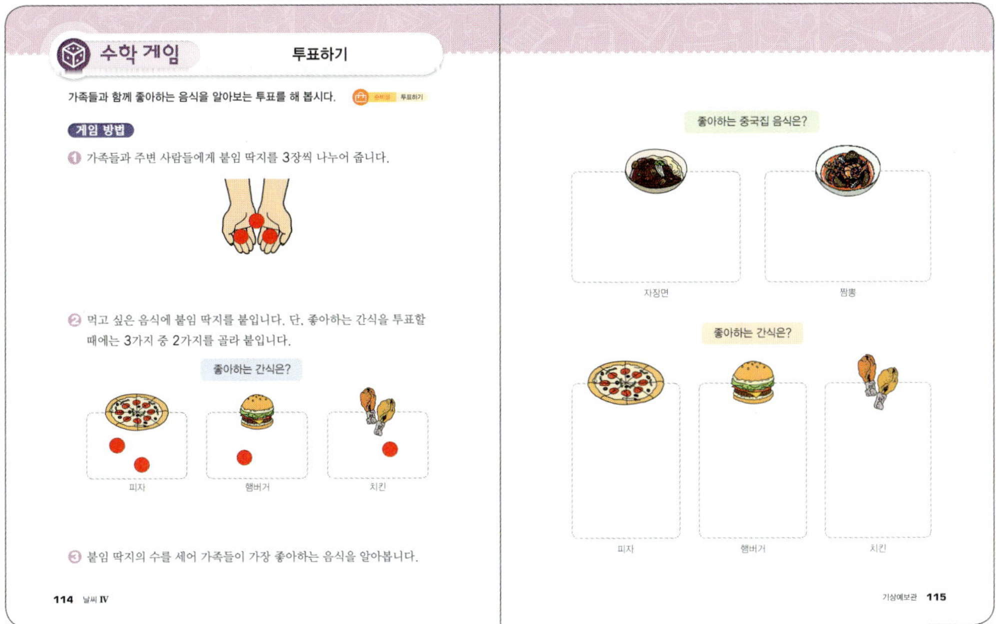

114 날씨 IV

기상예보관 115

114 · 115

각자 좋아하는 음식에 스티커를 붙여 투표합니다. 좋아하는 중국집 음식에는 둘 중 한 개, 좋아하는 간식에는 셋 중 두 개를 붙일 수 있습니다. 투표 결과를 정리하여 그림그래프, 표로 나타내어 볼 수도 있습니다. 스티커를 붙인 판을 보고 해석하고, 그림그래프나 표를 보고 해석해 봅니다. 그림그래프와 표로 나타내었을 때의 편리한 점을 이야기해 봅니다.

생각 열기 — 온도

따뜻하거나 차가운 정도를 온도라고 합니다. 온도를 재는 온도계의 빨간색 액체가 가리키는 부분을 읽으면 온도를 알 수 있습니다. 각 계절의 온도를 쓰고, 계절에 따라 온도가 어떻게 바뀌는지 이야기해 봅시다.

빨간색 액체가 20을 가리키므로 온도는 '20도'입니다.

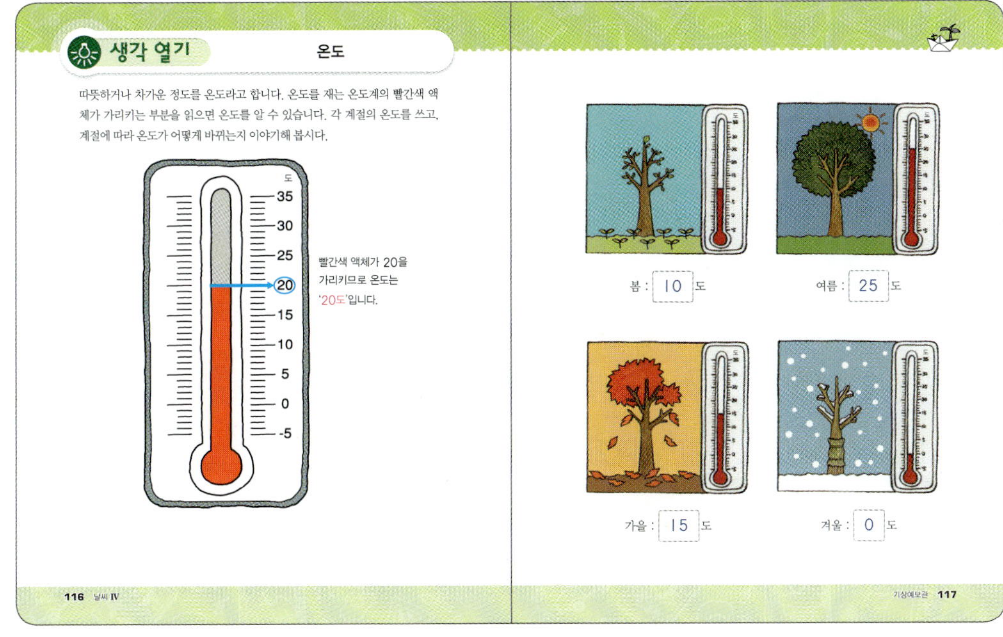

116 날씨 IV

기상예보관 117

116 · 117

온도계를 읽는 방법을 알고, 사계절의 온도를 읽고 씁니다. 집에 있는 온도계로 온도를 읽어 봐도 좋습니다. 온도가 높을수록 덥고, 낮을수록 춥다는 것을 알려준다면, 가장 더운 계절은 여름, 가장 추운 계절은 겨울임을 알 수 있습니다.

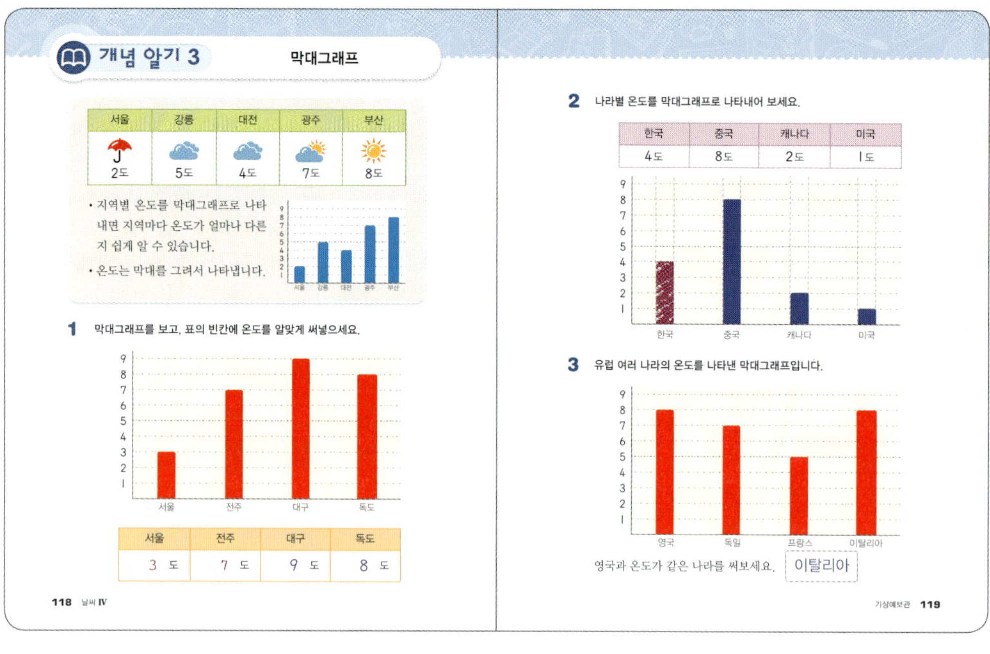

지역별 온도를 나타낸 표를 보고, 막대그래프로 나타냅니다.

1 막대그래프를 읽는 방법을 알고, 해석하여 표를 작성합니다. 막대의 끝이 닿는 부분의 숫자를 읽습니다. 그래프를 보고, 온도가 가장 높은 곳과 가장 낮은 곳을 이야기해 봅니다.

2 왼쪽에 쓰인 숫자가 온도를 뜻하고, 위로 한 칸이 1도입니다. 나라의 온도에 맞게 색칠하여 막대그래프로 나타냅니다.

3 막대그래프를 읽어 유럽 여러 나라의 온도를 알고, 영국과 온도가 같은 나라를 찾습니다.

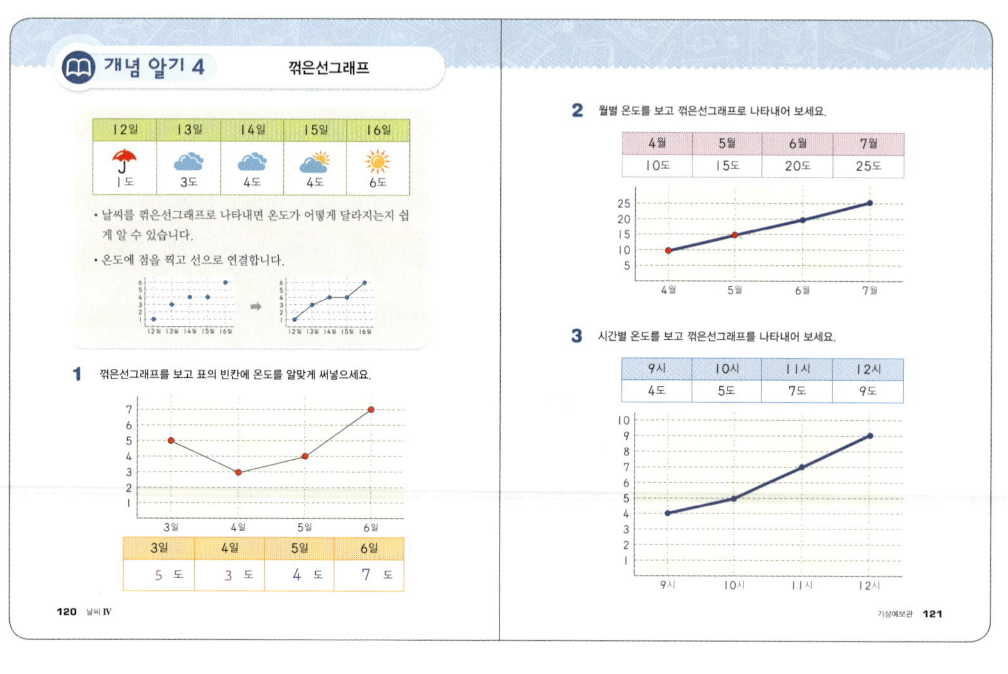

날짜별 온도를 나타낸 표를 보고, 꺾은선그래프를 그립니다.

1 꺾은선그래프를 읽는 방법을 알고, 해석하여 표를 완성합니다. 날짜 위에 찍혀 있는 점이 그 날의 온도입니다.

2 왼쪽에 쓰인 숫자가 온도를 뜻합니다. 알맞은 온도에 점을 찍은 후, 점들을 연결하여 꺾은선그래프를 그립니다. 꺾은선그래프를 보면 4월부터 7월까지 점점 더워지는 것을 알 수 있습니다.

3 온도에 맞게 점을 찍은 후, 점들을 연결하여 시간별 온도에 맞게 꺾은선그래프를 완성합니다.

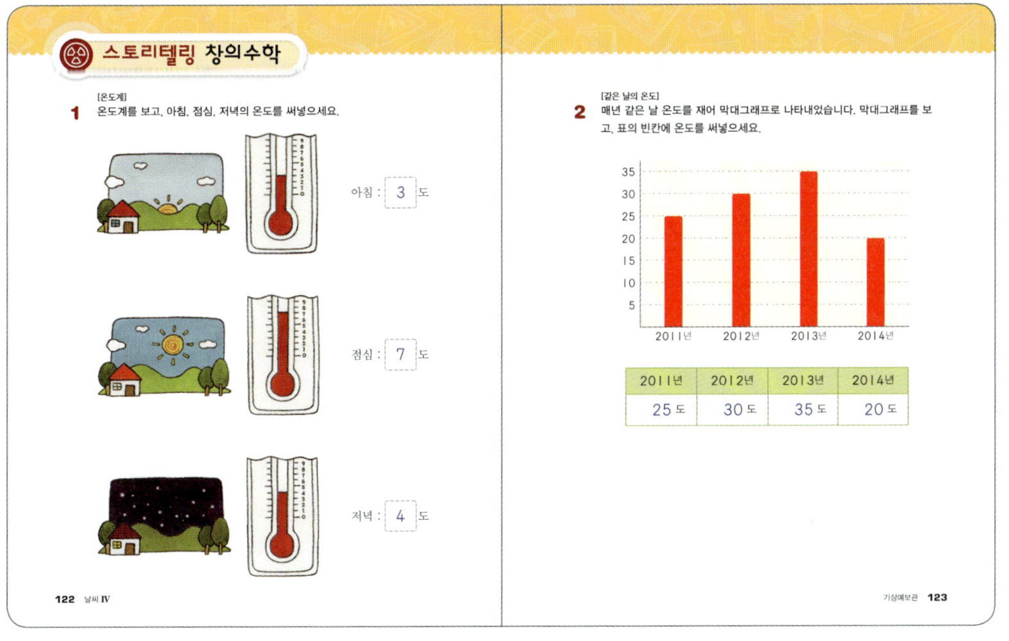

122 · 123

1 온도계를 보고, 온도를 읽습니다. 하루 중 가장 온도가 높은 때와 가장 온도가 낮을 때를 이야기해 봅니다.

2 막대그래프를 해석하여 표로 정리할 수 있습니다. 막대그래프는 가장 높은 온도를 한번에 알 수 있고, 표는 각 연도별 온도를 쉽게 알 수 있다는 장점이 있습니다.

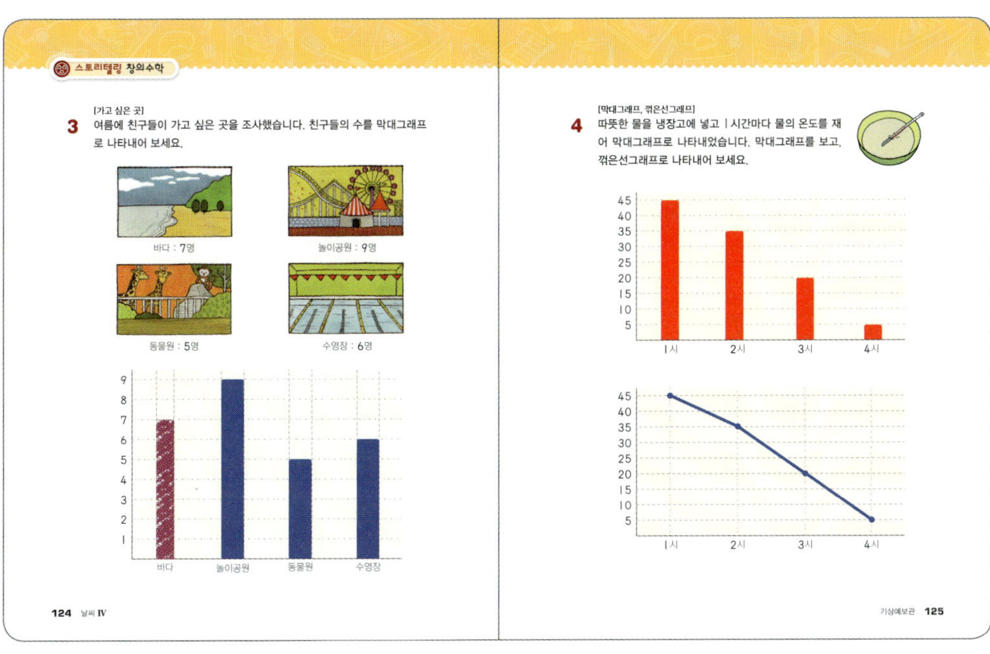

124 · 125

3 투표 결과를 보고 막대그래프로 나타냅니다. 만약 친구들이 소풍을 간다면 어디로 가게 될지 질문을 하며 막대그래프를 해석해 보고, 편리한 점을 이야기해 봅니다.

4 막대그래프에 각 시간마다의 온도를 적어 놓은 후, 꺾은선그래프를 나타내도록 합니다. 막대그래프를 보며 온도가 가장 높은 시간과 가장 낮은 시간을 이야기해 보고, 꺾은선그래프를 보며 온도가 어떻게 변하는지 이야기해 봅니다.

MEMO

MEMO

MEMO

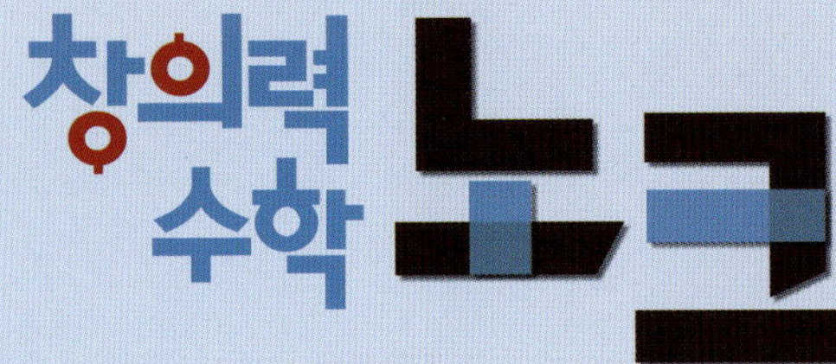

우리 아이의 수학적 잠재력을 깨워주는
창의력 수학 노크

A3
날씨로
배우는 수학

창의력 수학

느ㄹ

A 단계

엄마들의 고민을 해결하다!

노크와 함께 아이도 엄마도 즐거운 공부 시작 ~♬♪

호기심을 자극하고 재밌게 학습하면서 아이의 생각이 트이는 게 보이더라고요. 아이가 **수학을 재밌게 배우길** 원한다면 **노크로 홈스쿨** 진행해 보세요.

— 굼벵이님 (6세 여아) —

수학이지만 수학처럼 느껴지지 않아요. 딱딱한 수학이 아닌 **실생활을 주제**로 수학개념을 알려 주니, 아이가 어려워하지 않고 진도를 나갈 수 있어요.

— 아침햇살v님 (6세 여아) —

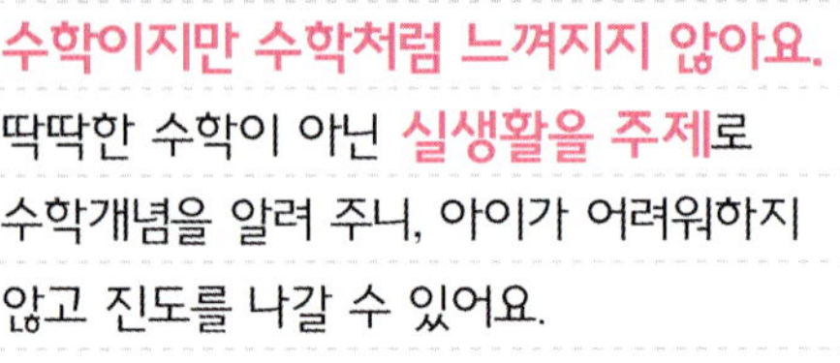

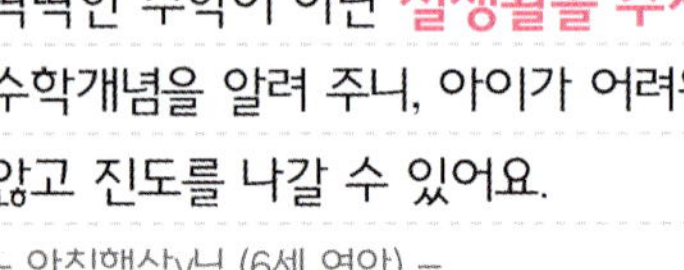

한 권을 다 끝내는 동안 아이가 전혀 지루해하거나 힘들어하지 않았답니다. 동화책 읽듯이 술~술~하니 아이가 즐거워해요.

— 마들렌님 (7세 남아) —

일상에 숨어 있는 여러 가지 수학 개념을 통해 규칙이나 수, 도형 등 수학에 가깝게 다가가요. 다양한 주제학습으로 융합적(STEAM) 사고력도 기를 수 있답니다.

— 검둥현이맘님 (8세 남아) —

스스로 문제 푸는 아이 모습이 정말 대견하고 신기해요. 혼자서 2주 만에 한 권을 뚝딱 풀어내고 나니 아이가 엄청 신나 하는 거 있죠?

— 맘따순날님 (7세 남아) —